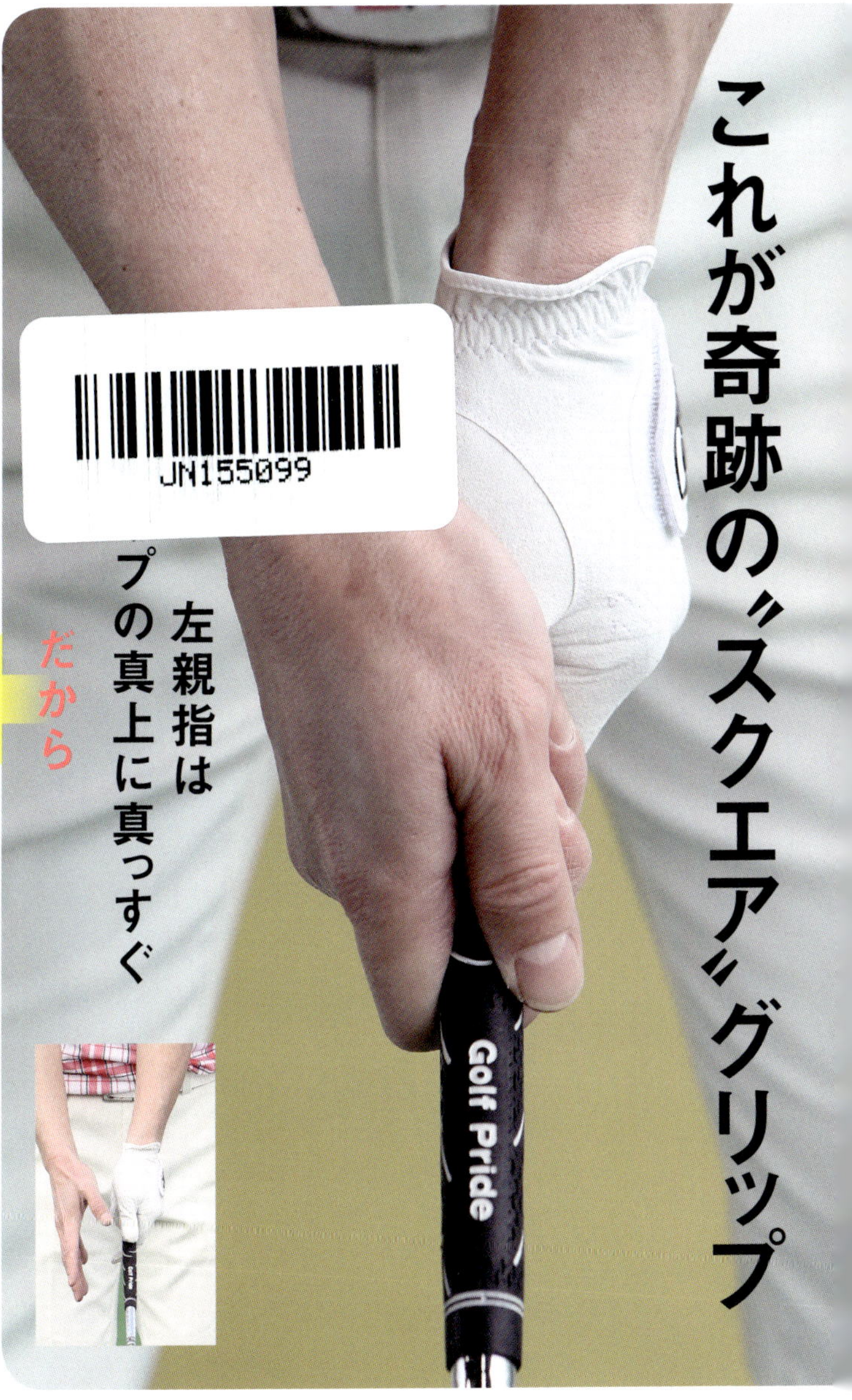

これが奇跡の〝スクエア〟グリップ

左親指は
プの真上に真っすぐ
だから

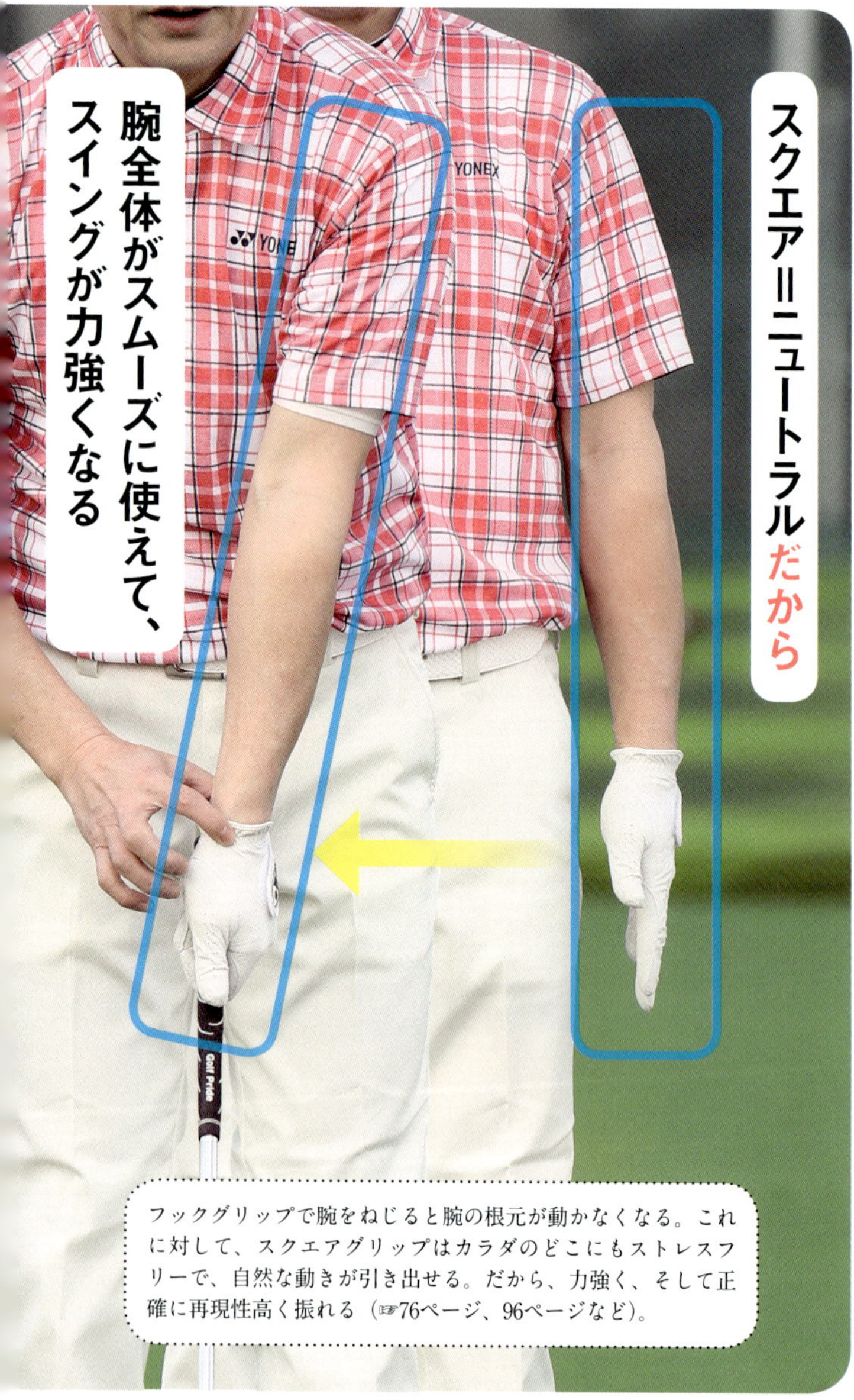

スクエア＝ニュートラルだから

腕全体がスムーズに使えて、スイングが力強くなる

フックグリップで腕をねじると腕の根元が動かなくなる。これに対して、スクエアグリップはカラダのどこにもストレスフリーで、自然な動きが引き出せる。だから、力強く、そして正確に再現性高く振れる（☞76ページ、96ページなど）。

スクエア&手首を縦に使う。だから

フェースの向きはずっと同じで、真っすぐ打ち出せる

親指の向きとフェースの向きが一致する。しかも手首を縦に使うかぎり、カラダに対してフェースはスクエアをいつまでもキープする。あとはカラダの正面でインパクトを迎えればいいだけになる（☞70ページなど）。

スクエアグリップで手首を縦に使えると、クラブの動きと完全にシンクロする。だから

トップではシャフトがトウの方向にしなる。手首は縦に折れ、その方向はクラブの進行方向と同じ

「スクエアグリップは手首を縦に折るため？　手首は横方向に使うんじゃないの？」と疑問をもつ方へ、手首を縦に使っていることを示す二つの写真を用意した。が、1点ずつは納得できても、その二つの動作が頭の中でつながらない人もいるのではないだろうか。その答えは次のページに！

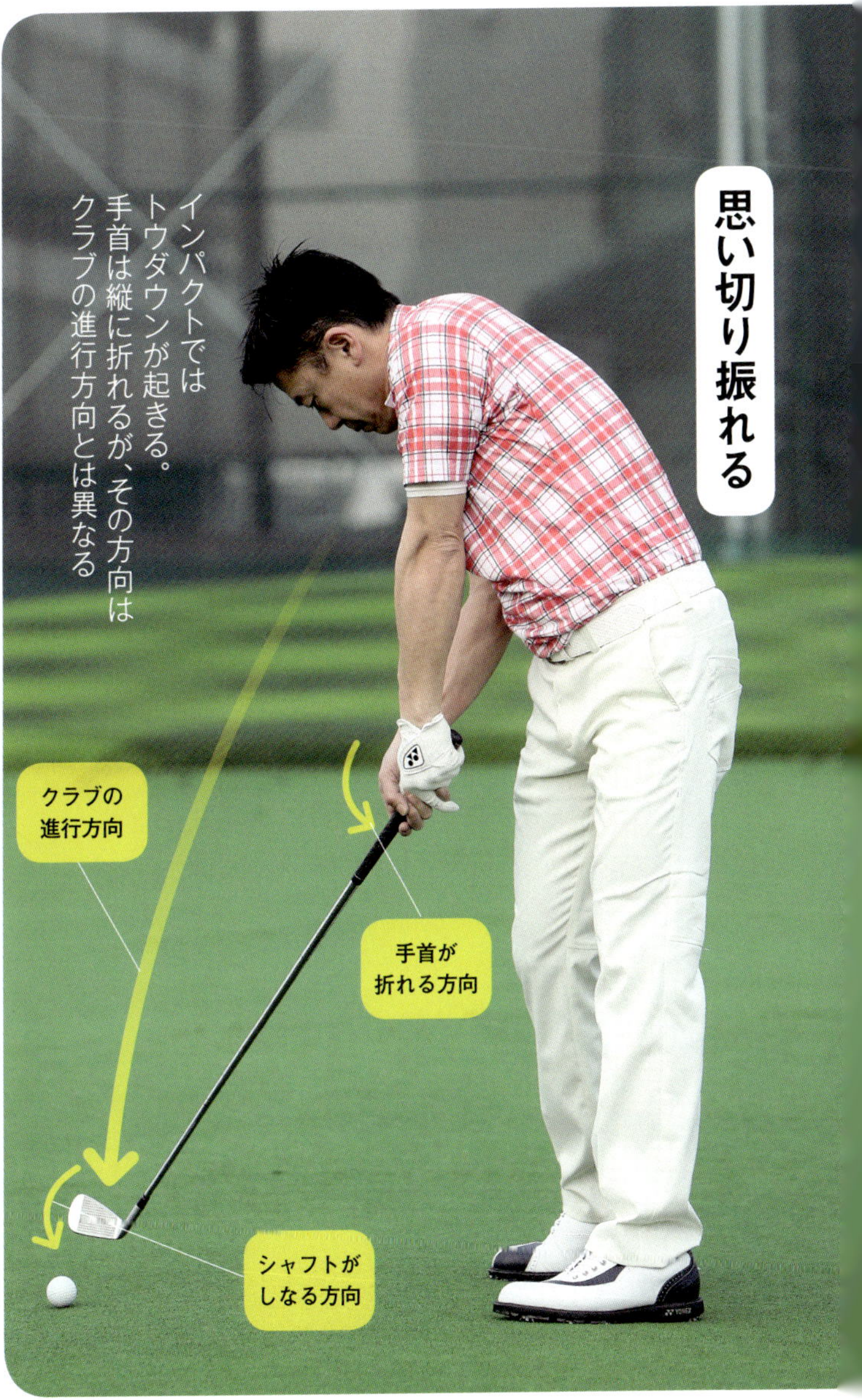
思い切り振れる
インパクトでは
トウダウンが起きる。
手首は縦に折れるが、その方向は
クラブの進行方向とは異なる
クラブの
進行方向
手首が
折れる方向
シャフトが
しなる方向

手首を縦に使い“ジョウゴ状”に動かす だから ヘッドを直線的に振れて最大に加速できる

ヘッドを一つのプレーンで動かすとき、手やグリップエンドも同じように一つのプレーンで動いているわけではない。手の動きは“ジョウゴ状”なのだ。水平振りなら誰でも無意識でできている動き。これを斜めのプレーンで再現するためにはスクエアグリップがふさわしい（☞80ページ、162ページなど）。

クラブのしなる方向＝
手首の折れる方向
クラブのしなる方向＝
手首の折れる方向

スクエアグリップで腕の付け根をストレスフリーにしたことが、ここでカギを握ってくる。手首を縦に使ってクラブを動かすと、自然に腕の付け根が動き出す。つまり、手先を使わずに肩まわりのより強い筋肉がスイングに加わり、大きな力でクラブを動かすことになる。だから曲がらない、だから飛ばせる。

手首の縦の動きは腕の付け根ごと動かす
だから
飛ばすためにカラダの力を使い尽くせる

左右が支点を挟んで対称に動く
だから

手先でこねない&左右のバランスがとれるから曲がらない

スクエアグリップで手首を縦に使い、腕の付け根からの動きを引き出すとき、左右の手の真ん中に支点ができている。そう、クラブの動きはグリップエンドや肩ではなく、両手の間＝左親指のハラの下、が支点なのである。右手が動けば、支点を挟んだ左手も同じだけ動く。左右のバランスがとれればスイングは安定する！

振り子のイメージだから
横振り&手首を横に使って
曲げてしまう

「両腕の三角形をキープして、左肩または両肩の間を支点にした振り子運動でクラブを振る」。この発想では横振りから脱することはできない。手が最下点にきたタイミングでヘッドも最下点に達するというイメージでは、インパクトは点であり、タイミングがズレると結果が大きく変わる（☞40ページ、42ページなど）。

縦振り&手首を縦に使う だから ほうきで掃く動きで ヘッドが一気に走っていく

両腕の長さを変え、手首の縦の動きを引き出してスイングを作ると、ダウンスイングでのグリップはカラダの右側で最下点を迎え、そこからは上昇していくのみとなる。その動きによって、ヘッドはあとから最下点に達する。手の動きがほぼ一直線になるなどの理由から、インパクトはゾーンになる（☞82ページ、156ページ、170ページなど）。

手が返ったように見えるがこれもスクエアなまま。だから
かつてなく曲がらず、この上なく飛ばせる!

このメカニズムを
徹底的に説明します!

250ヤード越えゴルファー続出!
ベタピン率が劇的アップ!

スクエアグリップでやり直せば飛ばしも寄せも驚くほど上達する!

プロゴルファー
武田登行 著
Nobuyuki TAKEDA

実業之日本社

はじめに

ゴルフをやめたくなったあなたが最後に読む本です。スクエアグリップから始めよう!

フックグリップは、スイングを簡単にしました。

それは事実です。あらかじめフェースを閉じた状態でクラブをカラダと結びつけることで、「インパクトゾーンでフェースが開きやすい」というゴルフクラブを振るむずかしさを克服する近道ができました。

でも、フックグリップにすることで、また別のむずかしさもこっそりと出てきていたのです。

たとえばバックスイングの後半、肩が十分回っていかず、どうしても手で上げてしまうとか、クラブを上げる方向がわからないと悩んでいる方。ダウンスイングの助走を長くとりたいがために、オーバースイングになっていたり、スエーしたり。ダウンスイングでは上体の伸び上がりを止めよう、インパクト後に左ワキがあくのを止めよう、とさまざまなドリルに取り組んでも、直らなくて困っている方も、多いですよね。打球で言えば、チーピンで困っていたり、ときにはプッシュアウトにも悩まされる。さらには克服したはずのスライスも復活する……。

こんな悩みをお持ちの方
原因はグリップにあります！
スエー
捻転不足
振り遅れ
振り抜けない
スクエアグリップが
解決します！

実は、私も、プロゴルファーになる前はもちろん、なってからも、そうしたことに悩まされ続けていました。

でも、**「世界のトッププロができていることなのに、なぜ自分にはできないのか」とスイングを研究するうちにわかってきたのです。悩みの原因がフックグリップにあることが。そして、理想のスイングを追求するならば、その伴侶とすべきはスクエアグリップであることも。**スクエアグリップは単なるパートナーというよりも、それ自体が振り方を教えてくれる道標ともなってくれる、ということまで。

世界のトッププロの中にもフックグリップの人は多くいます。でも彼ら、彼女らは、豊富な練習量とうらやましいほどの素質、体格、筋力をもってフックグリップのデメリットを乗り越えているだけなのです。しかもその多くは、プッシュアウトの危険と隣り合わせで戦っています。

「手を使わなければ曲がらない」かもしれませんが、**手や腕、肩の筋肉の動きを抑えてしまえば、飛ばすための力は激減します。**それでも300ヤード飛ばせるプロはいい。無数にあるタイミングのズレが起きる原因を、練習量や感性で抑えられるプロもそれでいいでしょう。260ヤードも飛ばせるアマチュアの若手、シニアの入口まで来たけれどまだまだ元気な方々は、それでもいいでしょう。けれど、**練習量が少なくなったとき、あるいは筋力が衰えてきたときにどうしましょうか？**

まだ間に合うのです。フックグリップによって置き去りにしてしまったスイング技術の本質を、スクエアグリップで追求すれば、飛距離は誰でも必ず伸ばせます。せっかく、ゴルフクラブでボールを狙ったところへ落とす楽しさも手に入ります。ゴルフというスポーツと出会ったからには、その本質に迫ってみましょうよ。

くり返しますが、フックグリップが導入されたのは、スイング技術の習得がむずかしかったからです。その理由は、このむずかしい技術、3次元の動作を、わかりやすく説明するすべがなかったからです。これまでのどんなスイング理論でさえ、明らかにしていないと思います。本質の深いところに到達した人はいたかもしれませんが、それを言葉にはできなかったのだと思います。

でも、プロゴルファーをやめ、「スイング研究家」となった私は今、その本質のある程度のところまでは表現できるようになったと自負しています。インターネット上にそれを披露するホームページを作り、長々とした動画で説明をはじめたところ、日本全国から習得したいと問い合わせがありました。練習場に直接レッスンを受けにくる方も増え、その中には、**スクエアグリップで日に日に見違えるようなスイング改造を達成し、キレのあるショット、よく飛ぶスイングを手に入れた方々も多くいらっしゃいます。**もう、これでダメならゴルフを諦めようとまで思い詰めてやって来られた方も含めて。

なぜ飛ぶようになるのか。
なぜ曲がらなくなるのか。
なぜ気持ちよく振り切れるようになるのか。
なぜ美しいスイングになるのか。

それはカラダの構造、クラブの構造にとって合理的だからという理由につきます。スクエアグリップで手首を正しく動かしたならば、フェースは常にスクエアに向いているという構造上の必然によって、スイングにおける各部の動きがわかりやすくなるからなのです。スイングが今まで以上にシンプル、かつ、カラダに自然で、合理的で、すべてにつじつまが合ってくるため、納得づくで動けるようになります。上半身と下半身の力を使い切り、右半身と左半身をバランスよく使う動きができあがるのです。

本書では、そのベースとなる「本当のスクエアグリップ」を徹底的に説明します。グリップの作り方だけで30ページ近くを費やした本はこれまでなかったと思いますが、本来、グリップにはそれだけ説明すべき要素があるのです。私が探求し見つけ出した、グリップの、単なる形ではなく、手の中の感覚や、構造上の意味などを説明させていただきます。

そのうえで、クラブの正しい振り方、ゴルフスイングの核心部分についても説明していきます。私が実際にレッスンで使い、多くの方のスイングを一新していったヒントばかりです。

みなさんに覚えてほしいスクエアグリップは、最初はものすごく頼りないホールド感です。でも、それが正しいのだ、ということが必ずわかっていただけます。慣れたグリップの〝居心地〟を捨てることはとてもむずかしいことです。フックグリップに合わせて養ってきたスイングのフィーリングや動きのクセを塗り替えるのは、非常に根気のいる作業でもあります（私も長い期間、試行錯誤しました）。でも、その苦労は、このうえない喜びで報われます。きっとです。

ですから、すぐに読んで、実行してください。

E　N　T　S

250ヤード越えゴルファー続出！　ベタピン率が劇的アップ！
スクエアグリップでやり直せば飛ばしも寄せも驚くほど上達する！

C O N T

C O N T E N T S

第2章 スクエアグリップが縦振りを教えてくれる　63

CONTENTS

第4章 スクエアグリップで真っすぐ飛ばすスイングを組み立てる

CONTENTS

編集協力――長沢潤 写真――圓岡紀夫 装丁・本文デザイン――鈴木事務所 DTP――加藤一来
協力――松原ゴルフガーデン

「スクエアグリップ&縦振り」の世界最高のお手本
松山英樹の曲がらず飛ばせるスイングメカニズム

松山英樹選手のスイングは、掛け値なしに「世界一」だと評価できます。

その理由は、誰よりも曲げずに飛ばせるメカニズムが整っているということ。

インパクトのタイミングだけ「すべてがドンピシャに合う」スイングではなく、切り返した瞬間からどこも遅れず、どこも早くならず、すべてが〝間に合っている〟状態でインパクトに向かい、通り過ぎていく。

だから、タイミングがズレたとしても大きなケガにはならないのです。

でもそれは、世界一むずかしいということではありません。

松山選手のようなスクエアグリップにして、松山選手のような縦振りを覚えれば、エッセンスは手に入ります。エッセンスだけでも格段に安定感を高め、飛距離を伸ばせます。何より、いつどのようにクラブとカラダを動かせばいいのか、メカニズムが頭で整理されます。それがとても大きな安心感を与えるはずです。

では、松山選手のスイングのどこを取り入れればよいのか、説明していきましょう。

アドレス
パーフェクトなスクエアグリップ

　グリップはまさに完璧なスクエア。手首のくるぶしは真上にきているはずです。手の位置は左脚付け根の内側にあり、左右の肩の高さもわずかな違いがあるだけ。グリップ全体としてのコンパクトさは、手首のレバーとしての機能を最大かつ最速にしてくれています。

ハーフウェイバック

これぞ「右を向いた肩」

肩甲骨が
スライドして
肩が前に出て、
胸にシワが
寄っている

親指を上に向けたままクラブをハーフウェイまで上げています。とくに左胸のシワに注目してください。左肩の側面を前に出していっているため、左肩の首側の部分から胸にかけてのシワが深くなっているのです。これが「右を向いた肩」（132ページ）です。

腕の根元から
上がっていくので、
肩自体が
浮き上がらない

ハーフウェイバック後

左肩が回り、腕が上がる

十分に「右を向いた肩」が作れると、付け根部分から腕を上げていくことができます。これも腕の付け根をロックしないスクエアグリップだからこそ。そこまで上げてきた腕の軌道、ヘッドの軌道の延長上にストレスなく上げていくことができます。

クラブの切り返し直前

クラブが左親指に乗っている

親指のハラに
シャフトが
乗ってくる。
この負荷を
押し返すことが
切り返し

手首が縦（親指方向）に折れて、クラブの重さが左親指のハラに乗っています。この重さを感じた向きの正反対に動かすことが、切り返しになります。両手とも力のこもった気配がまったくありませんが、力を必要とせず切り返せるグリップを作っているからこそです。

クラブの切り返し直後

指に引っかけたまま待っている

スクエアグリップで、左親指をグリップの真上に置いていること、そしてクラブのトウ方向にコックの動きを使っているために、バックスイングからダウンスイングに動きを反転させるときに、クラブにかかる負荷を左親指のハラと小指の付け根で引っかけている感覚だけで支えきれています。親指には乗ってくるだけなので力は必要ありませんが、小指側はグリップエンドの動きをしっかりホールドするための力がはたらいています。

このあと、ダウンスイングが進んで行くにつれて、バックスイング側に回ろうとしていたクラブの動きの力に耐えている小指側の力のほうが上回るため、コックがほどかれ、クラブが縦に下ろされていき、親指が下ろされ、左腕が短くなるインパクトゾーンでの動きにつながっていきます。

この動きは「切り返しでためて、インパクト直前にリリースする」のではなく、切り返し直後のこのタイミングからすでに始まっており、インパクトまでほぼ均等のペースで実行されるため、安定感の高いスイングになるのです。

手首を縦に使い
クラブをリリース
し始めている
SRIXON

プレインパクト
浅い入射角で最大限加速する

縦振りの結果、カラダの右側でシャフトが地面に水平になった時点でグリップエンドが最下点に達し、あとは斜め上に上がっていくだけのワンモーションでインパクトゾーンを通過させていきます。その入口が、このプレインパクトのタイミングです。

ヘッドも早い段階で低い位置に下りてきているため、浅い入射角でインパクトに入っていき、そのまま抜けていきます。急角度で下りていけば、最下点後反転するように方向を変えなければならないため加速には不都合ですが、浅い入射角なら半径の大きなカーブを抜けるときのようにストレスなく思い切って加速していけます。

また、浅い入射角はスピン量も減らすことができますし、ヘッドの動きと打ち出し方向とのズレが小さくなるため、エネルギーの伝達効率も良くなり、飛距離を伸ばします。

このように浅い入射角を実現したのは、切り返し直後からリリースをはじめたから。早めにほどきはじめてもインパクト前にほどき切ってしまわないのは、スクエアグリップならばスイング軌道の最下点に合わせてほどき切る感覚がもてるからです。

このまま左手の甲を
ターゲットへ向け、
親指がカラダの正面に来るだけで
スクエアなインパクトに導かれる
シャフトが
水平になった時点で
手は最下点に達し、
あとは上がって
いくだけ
ヘッドは早い段階で
低い位置に達し、
浅い入射角で
インパクトへ向かう

フォロースルー

高い位置でシャフトが水平になる

「手が返った」と見ることもできますが、カラダの軸に対して真っすぐ親指を前に突き出した形とも言えます。このまま上半身の前傾をほどけば、剣道の面打ちのときの両手の形と同じなのです。

左手小指側は寸分のゆるみもなくクラブをコントロールし、親指はターゲットを指すくらいの向きになっているはずです。

小指のこの動きで、左腕が根元から短くなり、左ワキは自然に締まっています。逆に右腕がやはり肩の付け根から伸びていくことで、グリップエンドが上方へ一直線で進む動きと、クラブがカラダを追い越していく動きを作ります。左右の腕が付け根からこれだけ大きく、なおかつバランスよく同じ量だけ動くことで軸は保たれ、最大限の回転スピードも生まれます。

両手首は縦に「トウダウン」の方向に使っているため、フォロー側でシャフトが水平になる位置が、高くなります。これは、そのままインパクトゾーンの長さをも意味します。

左腕は短くなり、
その結果として
ワキが締まっている
手首を縦に使っている。
フェース向きは
左親指と同じ、
つまりトウが上を指している
右腕は伸びて
クラブがカラダを
追い越す動きを
作っている
SRIXON

フィニッシュ

動きの方向が一致するから大きく回れる

ここまで大きなフィニッシュがとれるのは「若くてカラダがやわらかいから」だけではありません。浅い入射角から始まり、ヘッドがスムーズに動いて来れる軌道をたどったからこそ、クラブの動きの勢いが大きくなり、よどみなくここまで振り切れるのです。

第1章

フックグリップと横振りの限界

フックグリップは応急処置。本質には近づけないごまかしの技術

ゴルフクラブは、横に振るとフェースが開きやすい特徴を持っています。「横に振る」という意味は、フェースをスクエアにしたままインパクトゾーンを進ませる動きも含めています。それで、もし開いた状態でインパクトすれば打球は右に飛びますし、スライス回転がかかることも多くなります。

それを防ぐには、開きやすいフェースに対抗する必要があるのです。本来は動き方によって防ぐ、つまり正しいスイングを身につければ済むのですが、これがなかなかむずかしい。そのため、別の方法でもっと簡単に防ごうとした。**それが「フックグリップ」です。最初からフェースを閉じておく。ねじってグリップしておけば、腕の動きを意識しなくても、クラブの重さが、そのままスクエアなインパクトに導いてくれます。**

フックグリップ、もしくはストロンググリップといわれますが、それがもてはやされた時期、「この握り方をしておけば、カラダを回すだけで、正しくインパクトできる。手は何もしなくていい」という説明がなされたものでした。それは間違っていません。

手は、何もしなくてもいい。言い返せば、何かをしてはいけない。あるいは、何もすることができない。

しかし、何をしないつもりでも手首をねじっているので、ヘッドスピードの速い人はねじれが必要以上に戻ってしまい、引っかけが出ます。そうなると次はそれを力で止めようと手首を固めるので、スライス。つまり行ったり来たりで、答えの出ない袋小路に突き当たることが多いのです。

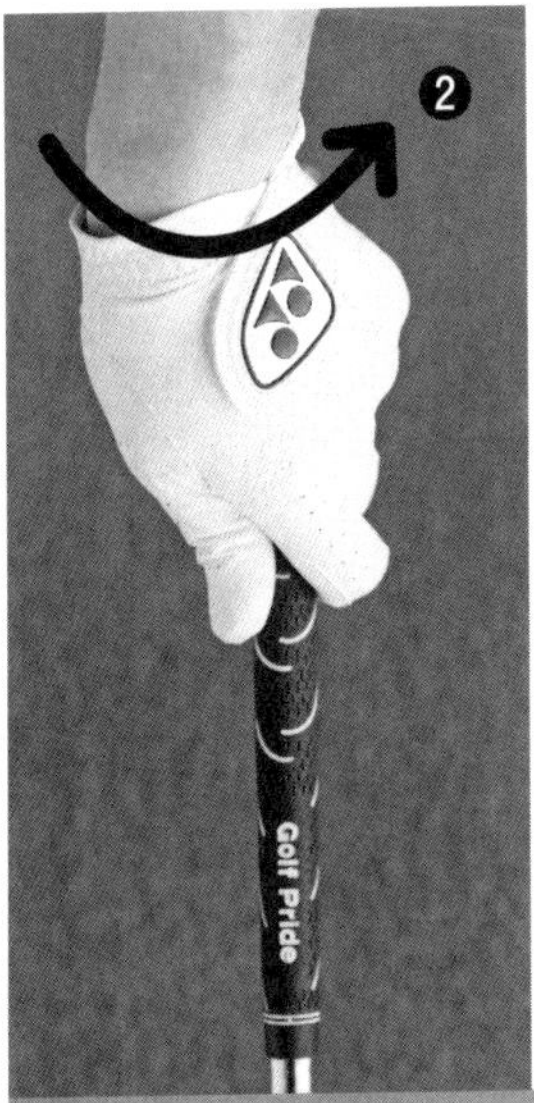

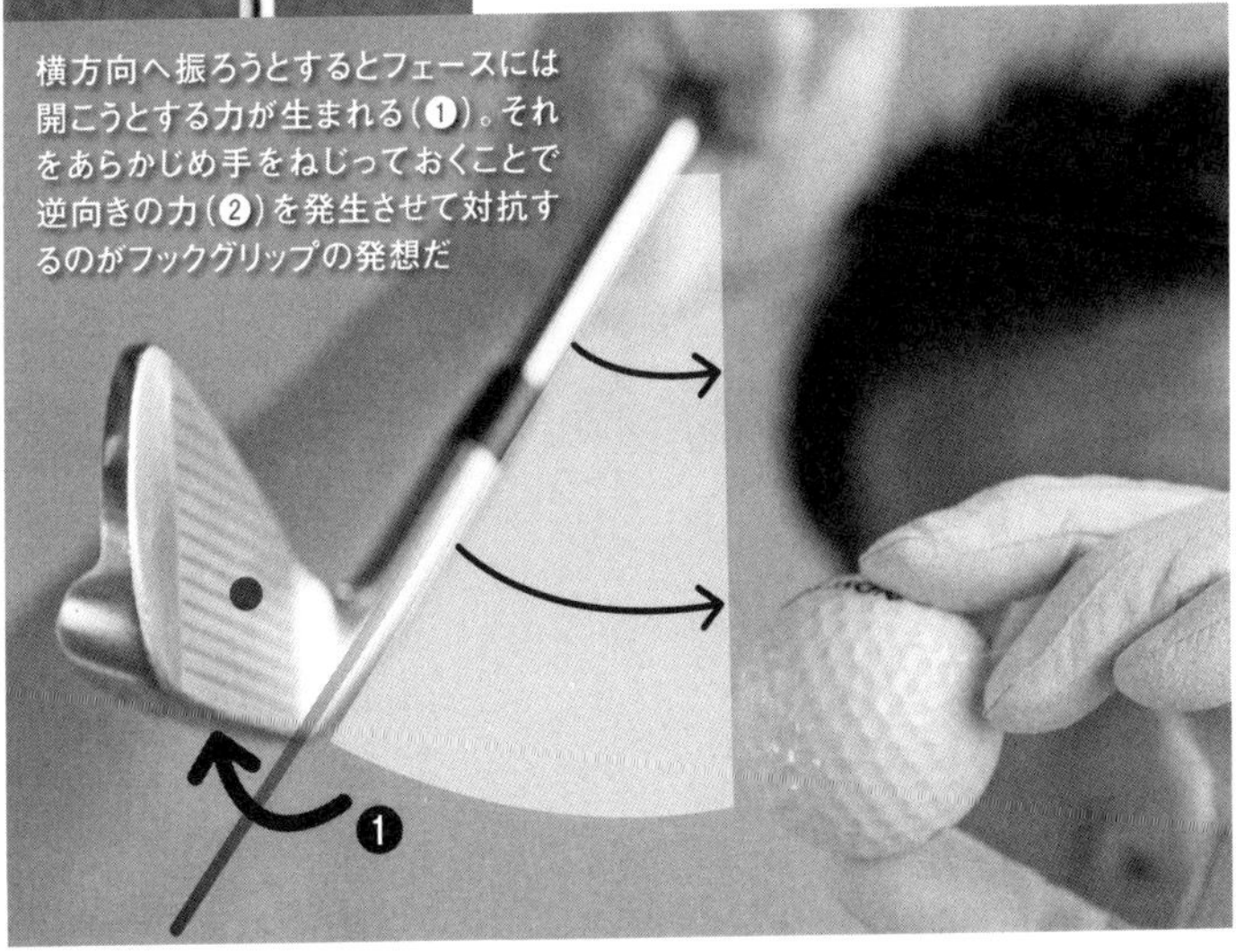

横方向へ振ろうとするとフェースには開こうとする力が生まれる(❶)。それをあらかじめ手をねじっておくことで逆向きの力(❷)を発生させて対抗するのがフックグリップの発想だ

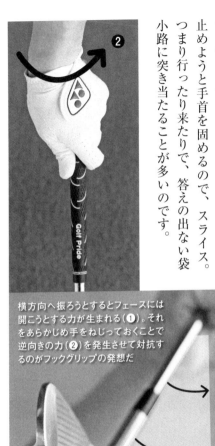

制限をつけた「飛ばない打ち方」若いうちならいいのだけれど……

「手を使わない」というのは、手首の動きもそうですが、フックグリップにするともっと大きな部分についても動きを止めてしまいます。

フックグリップを作るには、左手を時計回りにねじってクラブを持ちますが、このように握ると左ワキが締まります。締まると言えば悪いことではなさそうなのですが、本来左ワキが締まってほしいのはインパクトゾーンを動くときとその直後。**アドレスで左ワキを締め過ぎてしまうと、腕が胴体とのジョイント部分でニュートラルな状態ではなくなってしまうので、自然な動きが出てこなくなります。**とくに腕の付け根から、肩甲骨を大きく動かしたいのに、できなくなるのです。

「両腕でできる三角形」という言い方をしますが、アドレスで作ったこの三角形の形を変えずにクラブを振るイメージがありますね。正しい動きのように聞こえますが、本来ならば**二等辺三角形の底辺（もしくは2つの等辺の付け根）を動かすことで、もっと強い筋肉を動員することができる**のに、その可能性を消してしまっているのです。

もちろん、動かす部分を減らせば、動きの誤差が出る確率も減らせます。動かす部分を減らしても、十分なパワーを出せる場合はそのほうが都合がいいかもしれません。実際、一般的な男性ならば、そうした制限つきの振り方でも250～260ヤードは飛ばせるものです。しかし、そうした「筋力もあって、柔軟性もある」時期はいつか終わりが来ます。そのとき、「飛ばなくておもしろくない」とがっかりするよりも、「本来必要な動き」をマスターするほうが、いいと思いませんか?

“底辺”がやわらかく動くことでいわゆる“トップの間”“ダウンスイングのふところ”“タメ”が無理なく作れるようになる

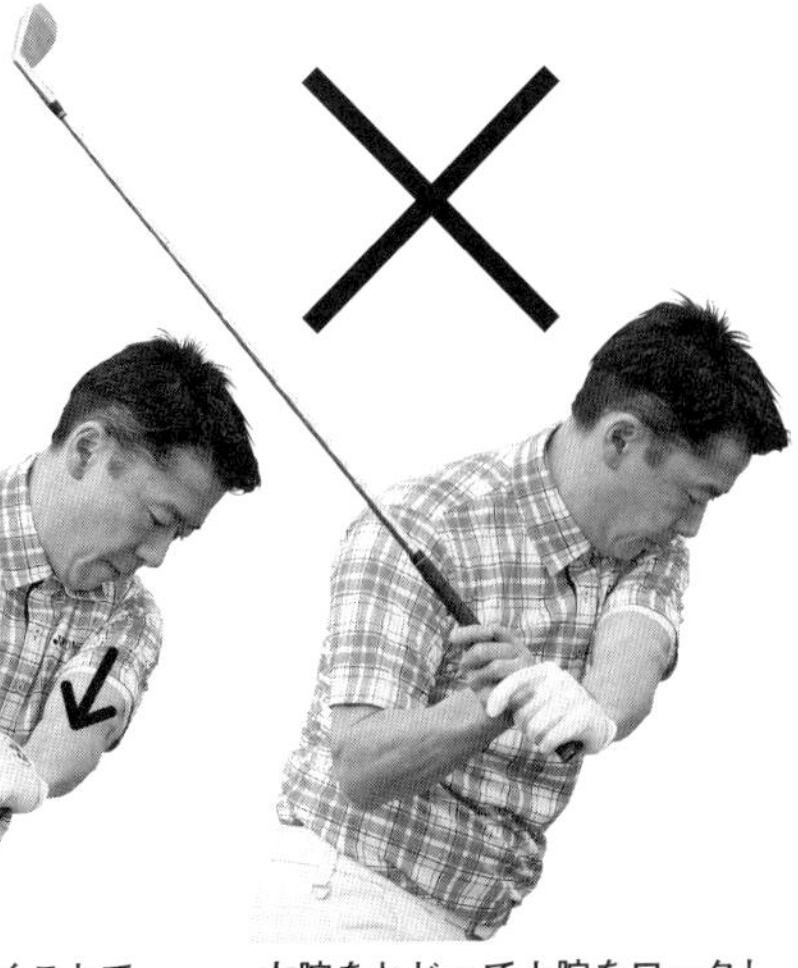

左腕をねじって上腕をロックした結果、“三角形の底辺”が直線のまま動くと、肩の周囲の筋力が使えないばかりかダウンスイングで詰まり、前傾が起き上がる原因になる

カラダを回し切ったあとに打っても力はもう残っていない

フックグリップで構えたプロや上級者は、かぶせて握った左手をアドレスの位置から少し左に進んだインパクトの位置へ動かすと同時に左手の甲の角度が伸びてきます。その代わりに右手の甲に角度がつく。だからインパクトでボールを押し込めます。

しかし、もともと振り遅れを前提としてフェースがスクエアに戻る準備をし、そこに戻ってきているわけですから、インパクトを迎えるのは腰や肩の回転がほぼ終わった段階になります。その結果として、手がカラダから外れたインパクトの形になることがほとんどです。プロはそれでも練習で自分のタイミングをつかみ、再現性を高めることができます。しかしこれには、とてもむずかしい調整能力や、筋力、柔軟性が必要なのです。

一般のアマチュアにとってはその調整がむずかしいことはもちろんですが、それ以上の問題は、インパクトが下半身や胴体の大きな筋肉を使い終わったところにあるということでしょう。やっぱり**下半身のポテンシャルを捨て、「もう何もできない」状態で打っているに過ぎない**という点です。

まだ下半身や体幹の力を使い切っていない状態でインパクトを迎えた形

フックグリップでは下半身の動きがほぼ終わった段階でインパクトを迎える(左)。フェースだけは間に合っているが、腕のポジション自体が肩や腰のポジションに対して遅れているので、エネルギーは効率よく伝わらない状態だ

トウダウンは自然な動きなのに「手首の角度キープ」がシャフトを殺す

振り遅れを防ぐはずのフックグリップなのに、まだスライスは出ます。原因としてあげられるのが「上体が伸び上がり、手の位置が高くなるから、フェースが開く」現象です。だから、「前傾角度をキープし、手首の角度もキープしよう」と言われています。

しかし手首の角度をキープするには力を入れる必要があるでしょうが、この動きは自然なクラブスピードの加速にとってはマイナスにはたらくはずです。フックグリップで手首の角度をキープしようとすると、手のリキみが腕全体に波及し、腕の付け根が固くなり、胸が前に出て、逆に前傾が起き上がる結果を招くのです。

何より「クラブはトウダウンするもの」と昔から言われているのです。つまり**シャフトには縦に、言い換えればトウが向こう側に下がる方向に力がかかっているということであり、シャフトはその方向にしなることで機能している**とも言えます。それなのに、手首の角度のキープはこれを防ごうとしている。つまり、クラブの機能を使おうとしないスイングです。それが理にかなっているとは思えません。

トウダウンさせる動きには力が必要ないため、胸や肩がスムーズに動き、背骨が丸くなることで前傾角が保たれる

手に力が入ると腕の付け根、肩、胸が自然に動かなくなる。
その結果、前傾が起きて伸び上がったインパクトになる

三角形キープではハーフスイング以上、上げられない

フックグリップで両腕の三角形をキープ。手首の角度と前傾角をキープして打つ、というイメージでもハーフスイングまでは破綻《はたん》なく実行できます。

しかしそれ以上回そうとするときに、無理を感じませんか？

左の肩甲骨が動いて肩が前に出てきていない状態、つまり**三角形の底辺をキープしたままだと、ある段階から手とヘッドを、そこまで振ってきた軌道上で振ることがむずかしくなります**。肩が止まるから手がそれ以上、上がっていかないはずです。そうするとイメージしているトップの高さまで上がっていかないため、腕だけで上げることになります。そうでなければ、腰を必要以上に回し、顔をも回して手を上げるか、全身を右にずらしてむりやり大きなトップを作ろうとします。

多くは「そこからは腕だけで上げている」という自覚がないまま、こうしたトップを作っていますが、その理由はフックグリップで〝指で〟クラブを握っているため、自然に器用な手先が勝手にそのような操作を加えているからなのです。

フックグリップで「フェースをボールに向けたまま」上げていく。左腕の付け根がロックされるため、ハーフスイングを越えたところで腕が動いてきた方向の延長上に動かせなくなる

スクエアグリップでクラブを縦に使ったハーフスイング。左腕の付け根が伸びるように動いているため、腕はこのまま上がっていける。左腕が右腕より長くなっているためシャフトが立ってくる

手もヘッドも同じように円《まる》く動く？ 〝振り子〟ではインパクトは点になる！

クラブヘッドの軌道は円です。そうすると「手の軌道も円」と考えがちです。たしかに両腕の三角形をキープしてカラダを回せば、手の軌道も円になるでしょう。つまり、クラブヘッドがボールに向かって下りていくとき、手も一緒に下り、ヘッドが最下点に達するときに、手も最下点に達しているイメージだと思います。

「インパクトまで手もヘッドも一緒に下りていき、ボールを打ったら手もヘッドも上げていく」。それが大きなカン違いなのです。だから上からボールに向かってヘッドをぶつけるだけになり、ぶつけたあと、やおら手を上げていく。しかもタメとかダウンブローというイメージがあるから、余計に上から角度をつけて当てようとします。そうすると**下ろして当てて、また上げる、という2モーションになる。だから動きがスムーズにつながらず、加速もできないのです。**

そんな動きのイメージは、振り子でしょうか。支点と重りのあいだに手があるだけの振り子。最下点まで下りていくあいだは重力で加速しますが、最下点を過ぎると重力に反して上がっていくので減速します。振り子のイメージの限界はここにあります。

昔から言いますよね。「カラダの左サイドでシャフトの風切り音が聞こえるように」とか「インパクト後にヘッドを最速にする」と。フックグリップで手で何もしないでカラダを回転させるイメージでは、それが不可能なのです。

では、振り子でないなら何なのか、その答えは80ページ、82ページ、84ページで説明しています。

インパクトまでヘッドは軌道上を下りていき、インパクト後に上がっていく。それと同様に手やグリップエンドもインパクトまで下降し、インパクト後に上昇するイメージでは、インパクトは点となる

「手で操作すると球がねじれる」のは間違った返し方だから

「手は何もしないから、球が曲がらない。手で何かをすると球がねじれる」と思っているかもしれません。しかし、これはフックグリップでクラブを横に振るから起きる現象です。プレインパクトで左手が上、右手が下になってしまったため、インパクトゾーンでひっくり返して右手が上になるように動かす。このいわゆる〝リストワーク〟で、クラブがカラダを追い越すようにする。つまりボールがつかまるというメカニズムです。

これが必須の動きとされていますよね。「手では何もしなくてもいい」と言われていたフックグリップのはずなのに、プロの写真を見ると、フェースを返しているように見えるからです。でもそれは、**3次元のものを2次元でとらえているからこその錯覚である部分が大きい**と言えます。

さらに、これはクラブを横に振るからこそ必要となる動きでもあります。つまり、フェースが開きたがるから閉じなければいけないということになっているだけ。

しかし、実際手でフェースをローテーションさせるとなると、インパクトでスクエアにすることは考えただけでもむずかしい作業になります。それこそ、毎日練習してタイミングを合わせる感覚をつかみ続けなければならないでしょう。練習が不足すれば、タイミングが合う確率が下がっていきます。

あるいは、どうしても「つかまりすぎ」てしまうので、逃がす動きを加えて調整してしまう。そうすると、本質的な動きからはどんどん離れていってしまいます。

そんなことはしなくてもいい。手は動かしますが、もっと別な動かし方があるのです。

クラブを縦に使う場合、フェースは常にスクエアに保たれる。手では何もしないわけではなく、縦に動かしている。その結果、肩も大きく動き、ヘッドがカラダを追い越すアシストをしている

グリップエンドや左腕を減速させながら、右手でヘッドを返してカラダを追い越させている。このようなイメージでフェースローテーションさせるとタイミングのズレでボールが散る

加減ショットができないのは重力にまかせっきりだから

ヘッドを横に動かそうとするとフェースには開こうとする力がはたらきますが、同時にヘッドには軌道の外に向かう力、つまり遠心力もかかります。遠心力がかかってヘッドが外に引っぱられると、ヘッドの重心がシャフトの延長に重なろうとします。それはつまり、フェースがかぶってくる動きです。

遠心力を置き去りにするほどのヘッドスピードが出せる場合は、この動きに比べてヘッドを動かす速度のほうが速いのでこの恩恵にはあずかれないのですが、多くのゴルファーには、**遠心力の力で引っぱられることでヘッドが間に合う、という現象がおきます。そうすると、意識的にフェースをローテーションさせなくても、ボールがある程度意図どおりにラインに打ち出せる**ことになります。

ただし、このように「本質の動きをつかんでいないのに、それに似たインパクトができるようになった」ラッキーな人でも、このナイスショットは、遠心力の力が大きくなるフルスイングにかぎって出る現象にすぎません。

スリークォーターで振ったとき、ハーフスイングで振ったときには、遠心力が十分に生まれないため、ヘッドが間に合わないはずです。とくに遅いスピードで振るアプローチなどはその極端な結果として、シャンクが出ます。いつシャンクが出るかわからないギリギリのところでなんとかしている薄氷の技術、と言っていいのではないでしょうか。

フルショットではうまく打てても、スピードを落として距離の打ち分けをしようとすると、インパクトのタイミングがズレて思うように打てなくなるのも、フックグリップで横振りする弊害の一つ

ねじれたアドレスから思い切りスピードを出す。その結果は？

フックグリップと横振りでは飛距離を出すために、ヘッドスピードを高めようと体幹の回転スピードを高めようとしがちです。だから体幹や下半身に力が入りますし、腕にも力が入ります。

フックグリップで握ると、左手はねじったことで肩がロックされるため、腕を短くし、短いままで振ることになります。それに対して、右手も長くなることがないため、アドレスでの右肩の位置が下がります。当然背骨も右に傾くでしょう。

つまり最初から**インサイド・アウトで振るイメージになりやすく、その結果としてフック、チーピンに悩まされる**ことになります。

それと同時に、**カラダが傾いた状態で、最大限の回転スピードを出そうとするので、カラダに大きな負担がかかります**。とくに、むずかしいタイミングの調整のために、「カラダのどこかを止めよう」などという〝自分なりのスイング成功のためのセオリー〟を作ってしまえば、止めようとした場所とその周辺に大きな負担がかかることも当然の成り行きです。

その結果は、（腰やヒジの）ケガや痛み。それらは決してゴルフには必ずついてくるものということではありません。スクエアグリップと縦振りには、カラダの構造に沿った動きだからこそ、スムーズで最大限のスピードが出せるとともに、ケガの可能性を少なくしてくれるはたらきもあるのです。

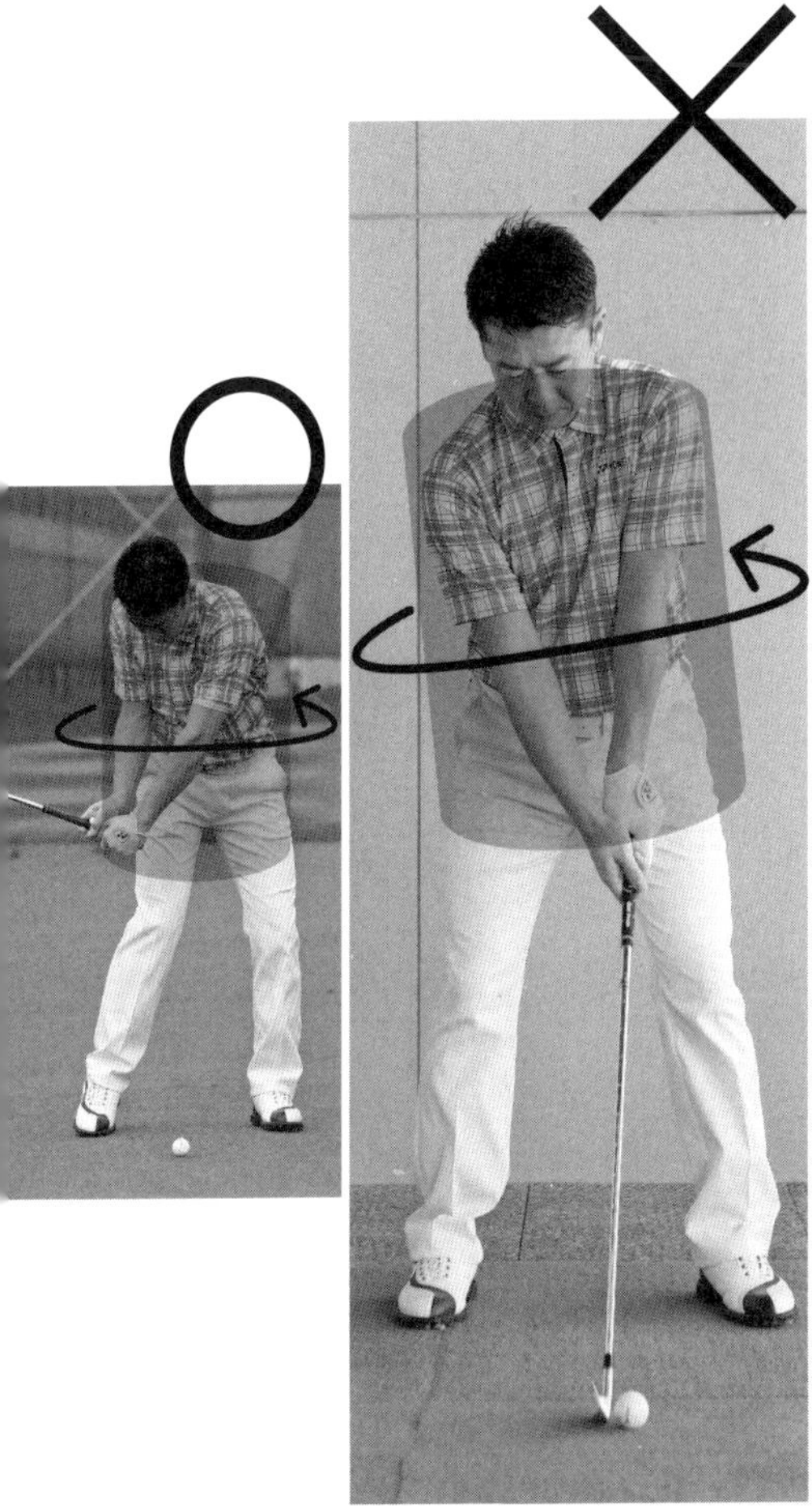

フックグリップで右手を下からあてがうと、右肩の下がったアドレスになりがち。スクエアの感覚をもちにくくなるだけでなく、カラダの各部に負担がかかりがちだ

フックグリップの目安「ナックル二つ半」? それで誰もが同じ向きになる?

フックグリップを作る際に「左手のナックル（指の付け根の関節）が二つ半見えている向き」という表現が用いられます。でも、「二つ半」ってなんでしょうか?　三つ目の頭がかろうじて見えていれば「二つ半」と言えるのかもしれません、けれども……。

目の位置がズレれば見え方は変わるでしょう。手の大きさや、ナックルの大きさなどによっても見え方は変わると思います。そのようなアバウトな指示で、誰もが機能的に同じになるグリップが作れるでしょうか?

私は、カラダの構造に従って誰にでも同じはたらきを引き出すためのグリップ、誰が作っても同じになる作り方を提唱したいのです。それがスクエアグリップだと思います。

第2章

スクエアグリップが縦振りを教えてくれる

カラダと腕をニュートラルなポジションにするのが「スクエア」

スクエアグリップは、体幹に対してニュートラルな状態で腕をセットできます。なおかつそれによって、肩に対してのヒジ、手首の位置もニュートラルになります。

その結果、**体幹と腕（肩から手先まで）が一体化し、連動してくれる**ようになることがとても大きなメリットです。連動するのは、カラダにとって自然な動きであるため、**頭でイメージした動きに忠実に実行しやすくなる**ということが一つ。

理想のスイングを表す際に昔から「キネティック・チェーン」という言葉が使われます。足から動くことで、ヒザ、腰、体幹、肩、そして腕が機能的に連動し、それぞれの筋肉の出力が集約するため、エネルギーは最大になり、動きはスムーズで自然に理想的になるという意味です。その結果、**再現性も高くなる**ことが期待できます。

同時に、スクエアグリップにして全身を連動させる動きは、カラダの構造にとって自然であるため、どこかに負担が集中することもありません。つまり**ケガを引き起こす危険からも遠ざかる**、という大きなギフトも得ることができるのです。

腕を真っすぐ垂らした状態のまま、グリップを作る。手首の出っぱった骨（手首のくるぶし＝橈骨茎状突起・とうこつけいじょうとっき）が真上にきて、親指がグリップに真っすぐ乗る。そうすると腕全体がニュートラルなポジションになり、自然な動きが引き出せる

スクエアグリップはスイングの本質に迫る入口となる

スクエアグリップの作り方は3章で説明しますが、作ってみるとあまりの〝頼りなさ〟に不安になる人が多いと思います。クラブを振れば大きなエネルギーが生まれますから、その頼りないグリップでコントロールしきれるのかと、今までフックグリップに慣れ親しんできた人にとっては信じられない思いにとらわれるのもわかります。

それを成し遂げてしまう条件は、「クラブを縦振りすること」なのです。

なぜ、〝握る〟力を存分に作れないスクエアグリップなのに、それがゴルフスイングにおいては十分なのかと言えば、**縦振りがクラブの構造、カラダの構造にとって合理的だからです。**

スクエアグリップと縦振りのレッスンを受け続けている方たちの多くが、「グリップを指先で握らなくて済むようになった」という感想を述べます。**力で握らないので、腕が縮むことなく、のびのびと振れて、動きが大きくなります。**力で握っていないので速く振れる感覚はもてず、「ゆっくり振っている」イメージなのですが、実際には全員がフックグ

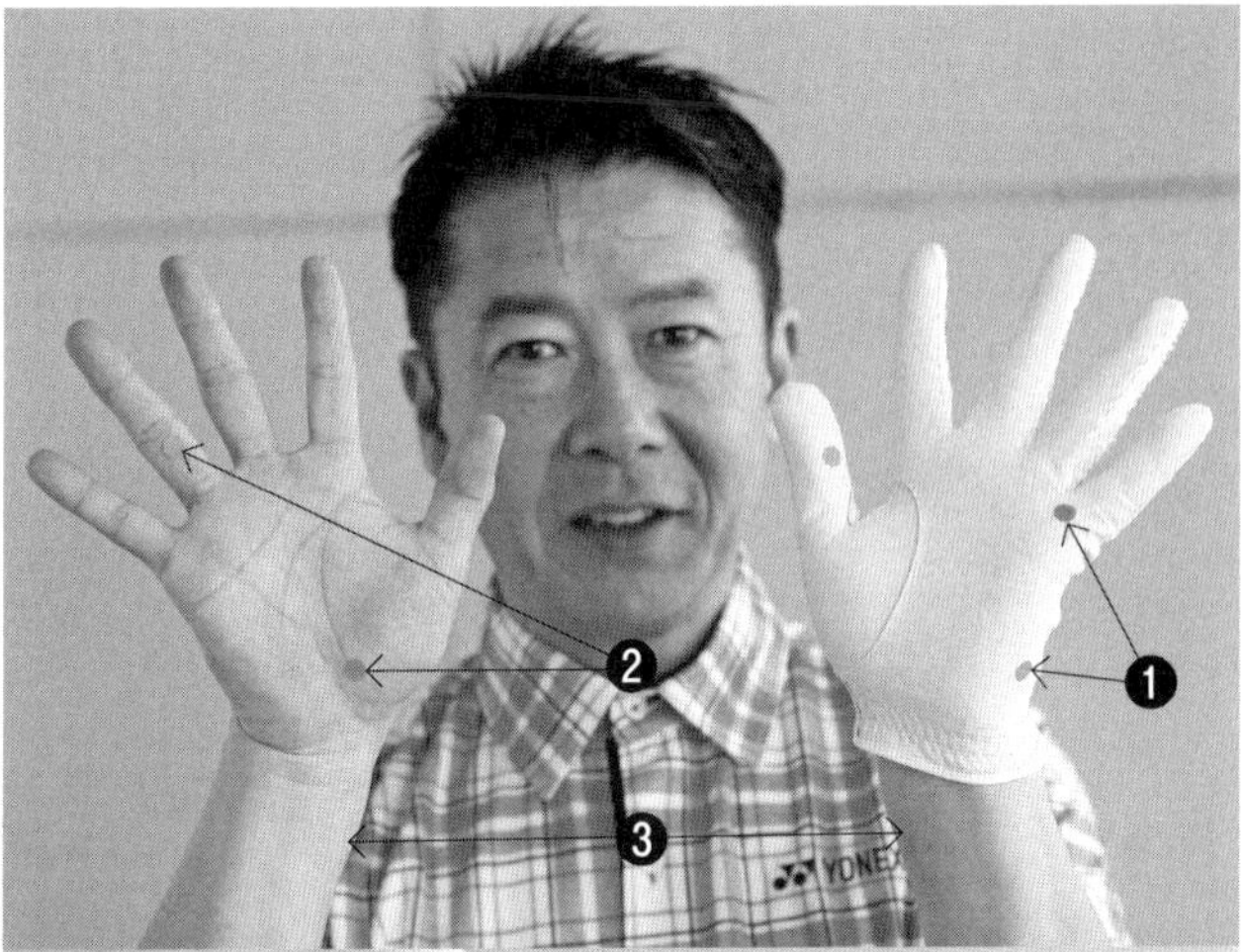

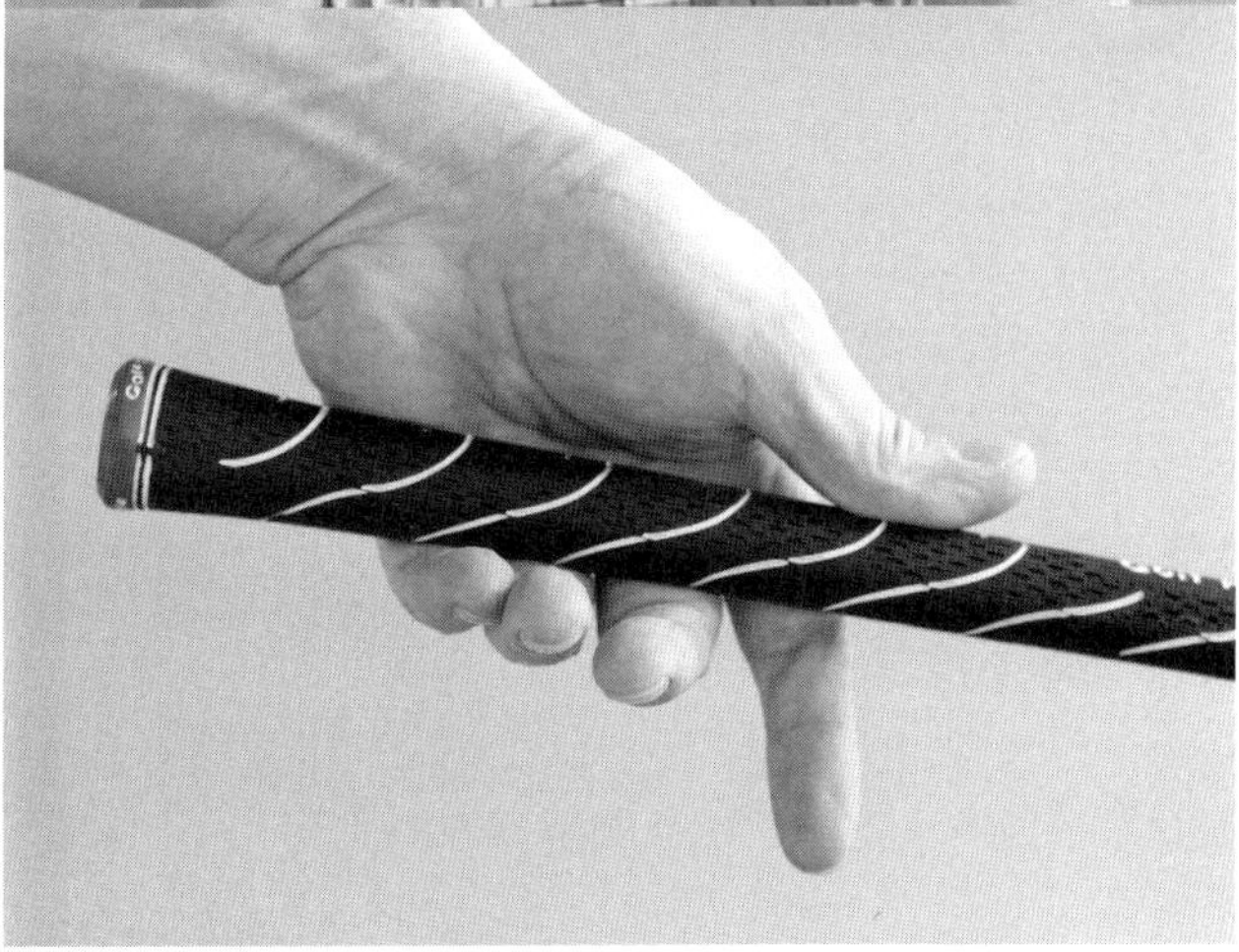

グリップは、❶左小指の根元とその付け根の側面でグリップエンドを挟み　❷右親指と薬指の根元で左親指ごとグリップを挟み、そして　❸両手のひらで両側から挟む。指先で握らないから余計な力が入らない

3種類の「挟む」でグリップするだけで、実際にボールも打てる。それはクラブの構造、カラダの構造と動きがマッチしているからだ

リップのとき以上のヘッドスピードが出ます。前述したようにより多くの筋肉を動員できますし、テコの原理を効率よく使うこともできます。たとえば70代後半のKIさん、身長は160センチくらいの女性ですが、もともと170ヤードくらいしか飛ばなかったのに、220ヤードまで飛距離を伸ばしました。

ただ飛距離が伸びるだけでなく、50代後半の男性、Mさんは「風に負けなくなった」と実感しています。**インパクトでひと押しする厚いインパクト、いわゆる〝ソールを重く使う〟ことができる**ようになったからです。これも手先で行なうのではなく、クラブを縦に使うことで、ヘッドの重心が構造上必然の動きとして力を貸してくれるからできることです。

また、縦振りによってシャローな入射角が実現できるとドライバーも飛ばせますが、**何よりフェアウェイウッドが打てる**ようになります。フックグリップではフェアウェイウッドでボールの頭を叩くことが多かったKさんも、今まではいつまでたっても新品だった3Wで見違えるような高い打ち出しで220ヤード飛ばせるようになっています。

最後にもう一人。身長150センチの60代の女性、Iさんも飛距離が飛躍的に伸びましたが、何より「気持ちよく振り切れます」と喜んでいます。**クラブの通り道が一つのスムーズな軌道になるため、ひとたび振り始めればスムーズに大きなフィニッシュまで達する**のです。これらは、スイングの本当の動きを身につけた方々のコメントです。

クラブを縦に動かしていることを明確に意識することが大切

ところで、縦振りとは何なのでしょう。昔から言うではありませんか、「スイングは剣道の面打ちと同じ動きだ」と。また、「手首のコックは親指方向に折る」という説明もされてきました。それが縦振りのもっとも重要なポイントです。

「いいや、直立してクラブを水平に振る動きこそがスイングで、そのまま前傾すればゴルフスイングになるという説明も昔からあるはず」と反論されそうです。クラブを水平に振っていますから「横振り」だと主張されたいのかもしれません。

しかし、水平に振る場合もトップの形を見てください。**手首は親指の方向に折れていませんか？　つまり手首を縦に使い、シャフトを縦にしならせる動きを使って振っていること**が、この形に現れているのです。横に動かしているようで、実は縦に振っている。では、これをどう使えばゴルフスイングになるのでしょう。

「横振り」を主張される方は、直立してクラブを水平に振るとき、手の軌道も、クラブヘッドと同じく水平の面を形成しているとイメージしているのではないでしょうか。

ブー。残念ですが、誤答です。極端にグリップを斜めに握らないかぎり、腕とクラブは一直線になりませんから、手の軌道はヘッドの軌道とは決して一致しません。

ヘッドがカラダの正面に来たとき、腕とクラブの角度があるぶんだけ、グリップはヘッドの動く面より低い位置に下がっています。手の軌道はカラダの正面で最下点を作る、ジョウゴ状のラインになるのが正解なのです。

カラダの正面で手が最下点に来る場面、これがインパクトに相当しますが、そのタイミングで、トップのときに手の親指方向にしならせたシャフトをしなり戻らせた形になります。つまりクラブを縦に振ってトップからインパクトを作っているのです。

この動きは、水平振りでは誰でも自然にできていたはずです。ただし、〝ジョウゴ〟のイメージをもたないと、前傾姿勢で行なったときにはうまく再現できません。

直立して水平にクラブを振るとき、ヘッドは水平な一つのプレーンで動くが、手の動きはそれと同一ではない（6〜7ページ参照）

トウダウンとシンクロする だから無理なくエネルギーが生まれる

もう一つ、昔から明らかにされているスイングのセオリーで思い出していただきたい事柄があります。それは「トウダウン」。

言うまでもなく、インパクトのときにヘッドはトウ側が遠心力で下方向に落とされる。そのため、アイアンは構えるときにトウを少し浮かせておくのがセオリーです。

つまりインパクトゾーンでは、シャフトにトウが下がる方向に力がかかっているということにほかなりません。これは、トップで手首が親指側に折れたこと、すなわちシャフトにはトウ側にしなる力（言ってみれば、トウアップです）がかかっていたこととちょうど対をなして考えられるはずです。つまり、**トップでトウ側にしなったシャフトを、インパクトでは正反対の方向にしなり戻させた＝クラブを縦に振った**ということなのです。

このトウダウンする力を活かしてスイングを作ればいいはず。それが縦振りです。シャフトの自然なしなりと、重力、遠心力の方向をシンクロさせることができるので、自分の持っている力以上のエネルギーを作ることができます。

ダウンスイングでは、トウが下がる方向に力がはたらく。この力を利用するのが縦振り。手首が縦に動く状態でグリップを作ることで、力を入れずにこの縦の力を使えるようになる

インパクトのスクエアを確信をもって作れるのが強み

スクエアグリップで縦振りをすると、シャフトがトウ方向になるときは親指を上げる方向に手首を使い、トウが落ちる方向になるときには親指を下げる方向に手首を使うことになります。つまり、どちらの動きにおいても**親指の方向がガイドとなって、正しく使う感覚がもてる**のです。

さらに言えば、バックスイングの後半まで正しい手の使い方ができれば、左腕の外側の側面から手の甲までが同じ面のように感じられることも大きなメリットになります。そうすると、トップでは左腕から左手甲、そしてそのままシャフトを通じてフェース面までが一枚の板のように真っすぐになります（写真ア）。

インパクトも同様で、親指を真っすぐ下に向ければ左腕とシャフトが一直線で、フェース面もスクエアになるのです（写真イ）。

腕をねじってグリップを作ると、左手の甲の向きが非常にアバウトになってしまいます。それに比べて「正しい向き」の確認しやすさを感じると思います。

バックスイング

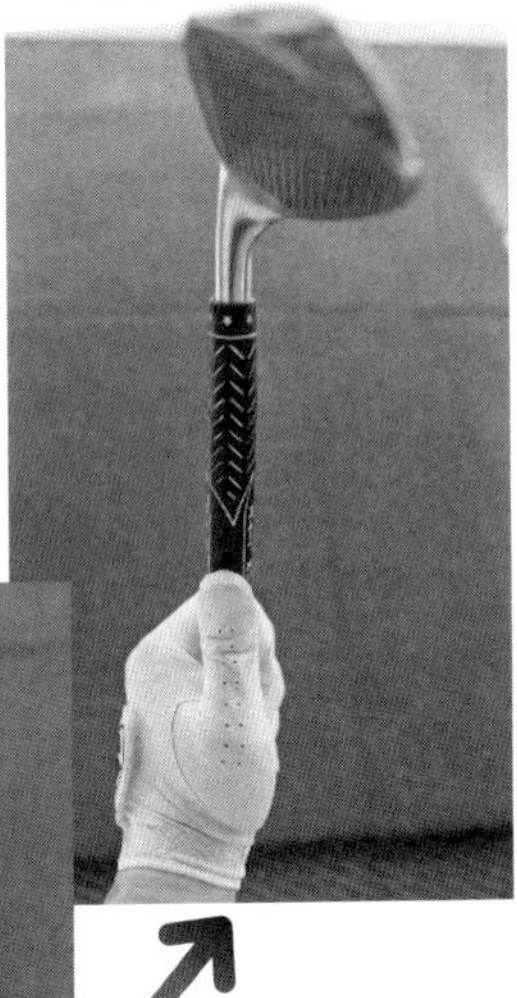

アドレス

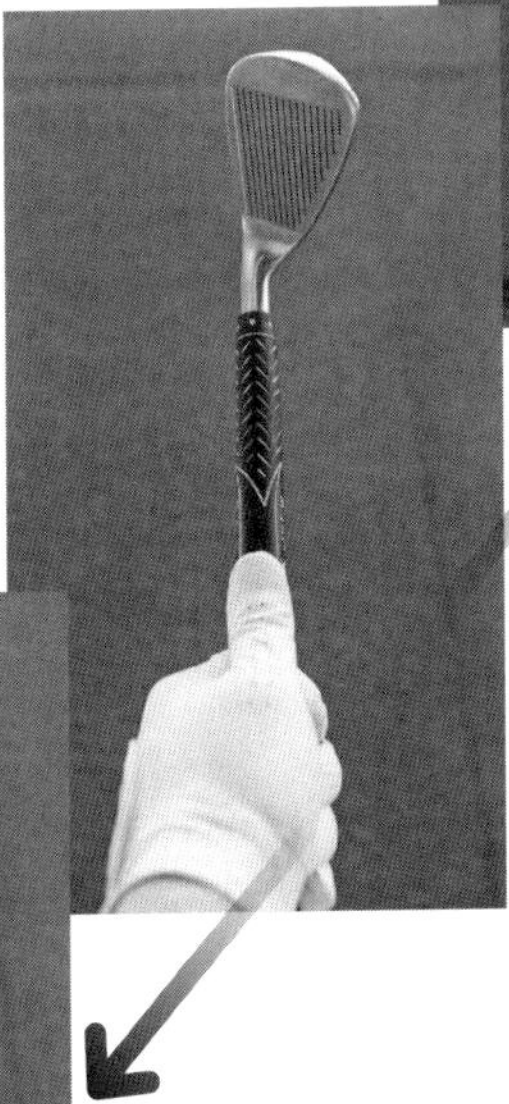

インパクト

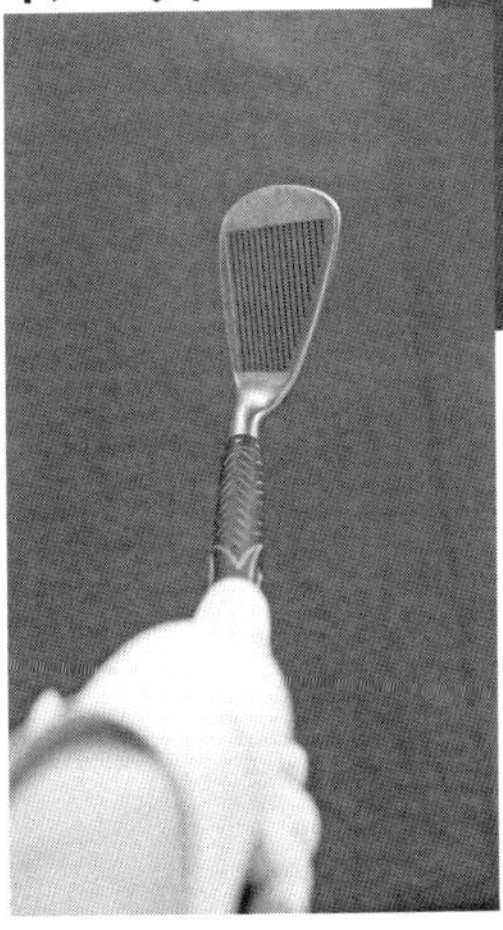

親指はグリップに対して真っすぐ。バックスイングはそのまま真っすぐトウを持ち上げ（右上）、ダウンスインクでは真っすぐ下に下ろす（左下）。上げても下ろしてもリーディングエッジは真っすぐのまま。つまりスクエアをキープしたまま振れる

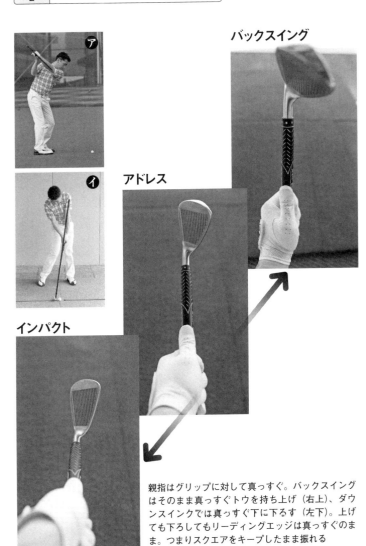

腕の長さを変えることで手の力を使わずに縦振りが作れる

スクエアグリップで体幹に対して腕をニュートラルな状態でセットすると、根元（肩甲骨など）から腕を動かせるようになると説明してきました。両腕でできる三角形の形を崩さず、ではなく、その底辺の直線をぐにゃりと曲げてさらに大きな動きを作れることも説明しました。

さらに少し具体的に説明しましょう。

いったんアドレスの状態で作り、そこから上半身を真っすぐ立ててクラブを浮かせてください（写真❶）。

そのまま胸の向きを変えず、両手の位置をその正面にキープしたまま、左腕を長くしてみてください。**肩甲骨を背骨から離し、左小指側を前に向かって伸ばします。これは左腕を伸ばす感覚です。同時に右肩甲骨を背骨に寄せ、右腕を短くします。**右親指を自分に近づける感覚です。

同時に行なうことで生まれる動きは、手首の縦のコックです。

逆に、右腕を長くし、左腕を短くしてください。手首は小指側に折れ、クラブはトウが下がります。

手首を折ろうとしなくても生まれる動きだということがおわかりだと思います。しかもこれがスイング中クラブにはたらく力でシャフトがしなる方向（クラブに対する力のかかり方）とも一致するのです。

また、この動きを作るには、スクエアグリップが適していることもおわかりでしょう。

左親指の位置を一定にして、左腕を根元から前に出して“腕を長くする”。親指の位置を変えずに小指を前に突き出す感覚。そうすると自然に腕が上がりクラブもコックの動きが作られるため上がっていく

両手の中(左親指直下)にクラブを動かす支点がある

両腕の長さを互い違いに長くしたり短くしたりしていただいたときに、もう一つ重要なことに気づかれたと思います。それは、クラブを縦に振るときの支点がどこにあるか、ということです。

多くの人がクラブを動かす際に、支点がグリップエンドかその延長にあるとイメージしています。多くの指導者も、グリップエンドを二本指でつまんで、振り子のように揺らし、「これがスイングをシンプルにしたモデルだ」という説明をします。

その結果として、手の軌道もヘッドの軌道も円になり、インパクトに向かって手もヘッドも下ろし、そのあと手もヘッドも同時に上げていく動きになってしまうのです。

右手と左手を一緒に同じ方向に使っているという言い方もできると思います。しかしその結果として、クラブがカラダを追い越すことがなくなります。フォロー側で左ワキがあきますから、美しいフィニッシュが自然にできることもなくなります。

しかし、**両手の長さを変えて手首の動きを作った際に、クラブの動きの支点となってい**

たのは、左右の手の間つまり左手親指の真下くらいのはずです。

そうすると、ヘッドとグリップエンドは同時に逆方向に動いていることもはっきり意識できたと思います。逆に動くから、ヘッドがカラダを追い越していけるということにもつながります。

こうした「スイングの事実」を理解してスイングイメージを作り直すこと。これがスクエアグリップで縦振りの動きを作っていくベースとなっていきます。

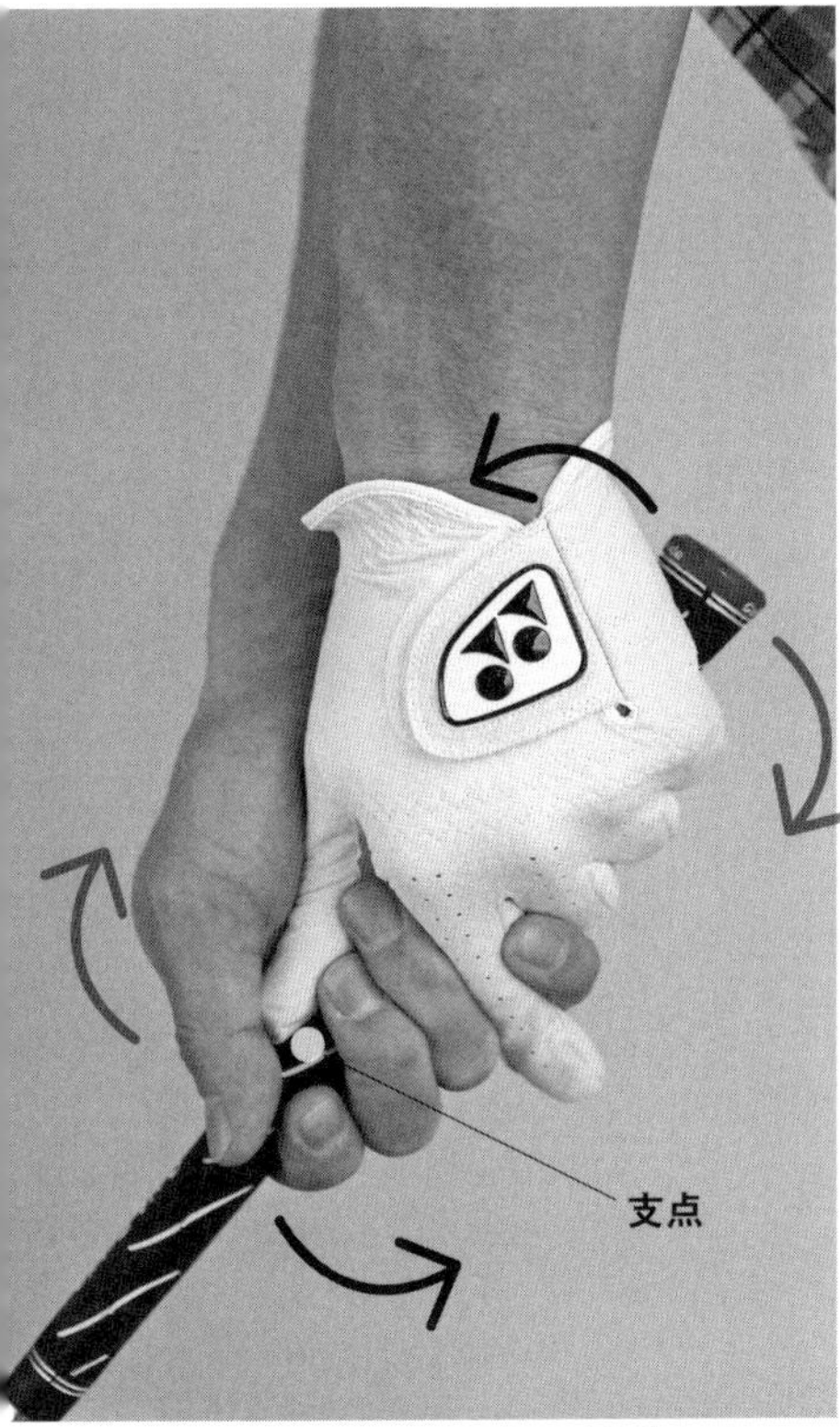

片方の腕を伸ばし、逆の腕を縮めてコックの動きを作るとき、支点となるのは両手が重なっている中心部分のはず。つまり、左親指のハラとグリップの接点だ。ここが支点となるということは、グリップエンドとヘッドは逆向きに動くということでもある

〝ジョウゴ状〟の動きは手首の縦使いで左腕が短くなることで自然に起きる

「ダウンスイングではヘッドがカラダを追い越すために、腕が減速しなければならない」と説明する人たちもいます。しかし、いったんスピードのついたものを減速させるにはそれなりの力が必要です。私は、「止める」ために使う力は、スイングの中にはあり得ないと思っています。カラダを自由に使うことが飛ばしに役立つと考えているからです。ストレスの中でスイングを作りたくはないのです。

だとすると、減速の変わりに何をすればいいのでしょうか。

インパクトゾーンでは、トウが下に落ちる向きに力が加わります。トウが下に向けばヒールが浮き上がり、グリップエンド側が浮き上がります。

その動きは、スクエアグリップを作って手首を縦に動かす場合、左腕が短くなる（肩甲骨が背骨側に動き、ワキが締まり、腕が引き込まれる）動きとシンクロします。

左腕が短くなる動きは、手をカラダに近づけているとも言えます。これは、水平でクラブを振ったときの〝ジョウゴ状〟の最下点に近づいていくときの動きに当たります。

つまりそれによって、ヘッドはプレーンを走り続けることができると言えますし、手は動き続けますが、動く方向を変えたため、「目標方向への動きとしてみると」という条件付きで、スピードが減速したと同じ意味になります。つまり、止めようとする力を使わなくてもカウンターとしての目的は達することができるのです。

左腕が短くなる動きがインパクトゾーンで起きると、グリップエンドが自分のカラダに近づいてくる（ア）。これが手の“ジョウゴ状”の動きとなり、クラブをスムーズに軌道上を走らせる

ほうきと同じ使い方で長いインパクトゾーンが作れる

手に〝ジョウゴ状〟の動きをさせることは、複雑だと思いますか？

そんなことはありません。竹ぼうきのような長めのほうきで掃《は》くときに、誰もが自然にそのように使っているものです。

グリップエンドにあたる部分を左手で持ち、少し離したシャフトの部分を右手で持っているとします。ほうきの先をカラダの右斜め前で地面につけ、左手はカラダの前でセット。そこからほうきの先が地面をするように左に動かしゴミを集めます。右手は右から左へ地面とほぼ平行に動かしますが、左手はその動きとは違います。**左手は下から上へ引き上げる、つまりカラダに近づけている。まさに〝ジョウゴ状〟の最下点に近づく動きです。**

何も考えず、誰にも教えてもらわなかったはずなのに、掃除をするときに自然に出てくる動きが、なぜスイングのときに使えないでしょうか。

しかも、この動きをスイングに当てはめれば、ほうきの先端が地面をするように平行に動いているあいだはずっと、インパクトゾーンを作っていると考えることができます。

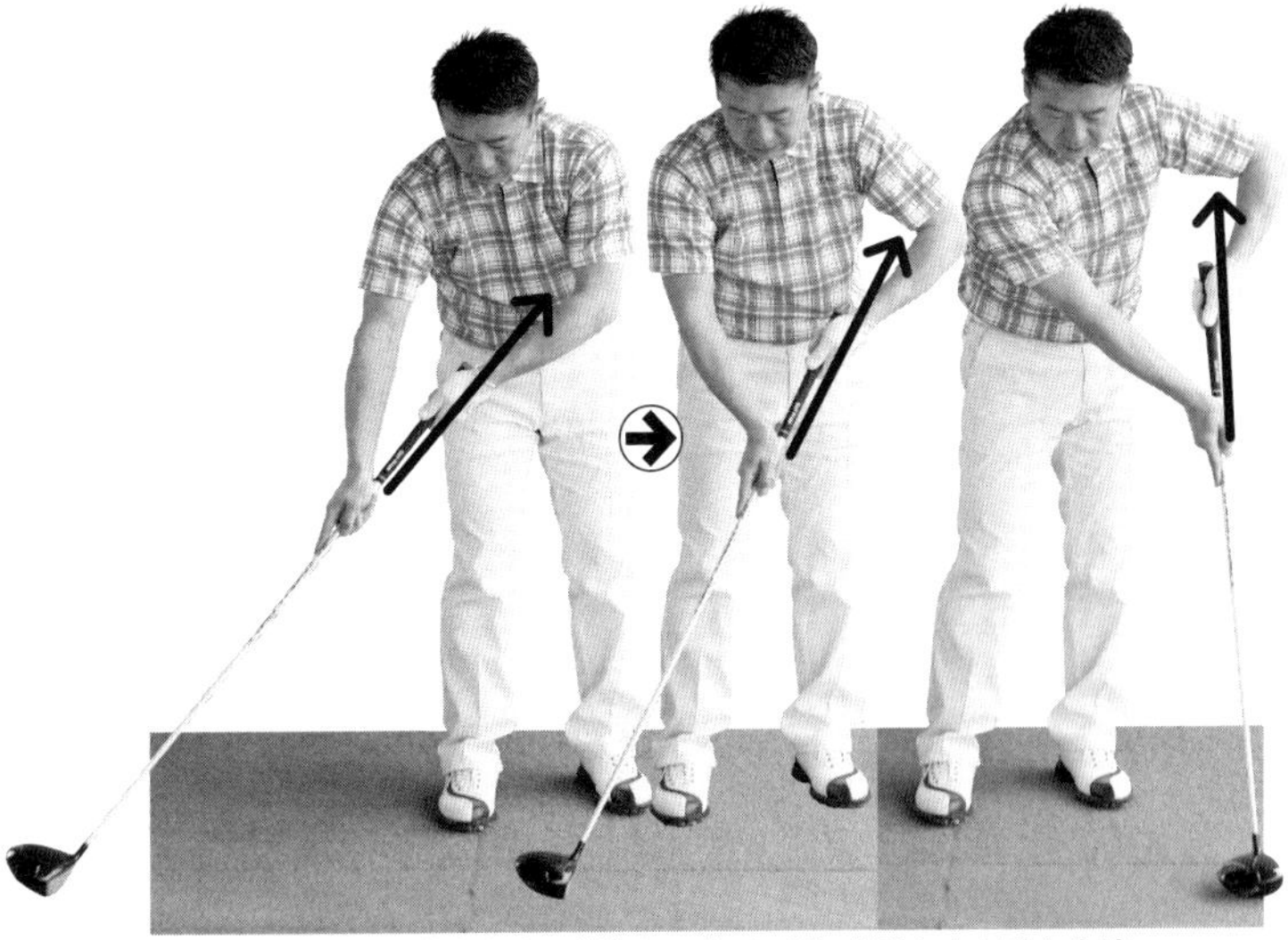

ほうきを使うとき、“グリップエンド”を動かす左手と先端を動かす右手は同じ動きをしていない。右手は“横振り”のイメージに近いが、左手は縦に動かしている

上がり続ける直線の中にインパクトがある

スイングの動きは振り子ではないと説明しましたが、では、何なのかという答えのヒントが、ほうきの掃《は》き方にあります。

左手で持った部分が、クラブで言えばグリップエンド。先端部分はクラブのヘッド。それをプレーン上での動きとして考えると、カラダの右斜め前でグリップエンドと手は、それぞれの軌道の最下点に来ているのです。ヘッドは当然まだ空中にあります。プレーン上にあって、いつでもインパクトできる状態でボールに向かって下りていく直前のプレインパクトのタイミングです。

ここから**グリップエンドは、カラダの左斜め前に向かってずっと真っすぐ斜め上に上がるように進んでいきます。それに対して、ヘッドはボールに向かって下りていく。**その間、手が〝ジョウゴ状〟の動きをしているので、ヘッドのほうはスムーズにプレーンに沿って走ることができます。しかも、スクエアグリップで手首を縦に使っているならば、フェースはずっとスクエア。曲がりようのないスイングができあがるのです。

グリップエンドが最下点に達するのは、インパクトよりもずっと手前。シャフトが地面と平行になるタイミングだ。そこからヘッドは下りてインパクトを迎えるが、グリップエンドはずっと斜め上に向かって上がっていく。この動きならば一つの直線で動くためスムーズに加速し続けられる

重心が真っすぐ動いているとすると ヒールはやはり〝ジョウゴ状〟に動く！

ここで、クラブの動きのイメージをお伝えしておきましょう。

フックグリップで横振りを意識したり、振り子のイメージをもっていると、クラブヘッドに関してネックを軸として回転しているような錯覚をもちがちです。つまりは〝シャフトを振っているイメージ〟だからこそフェースがそのまわりで回転するわけですし、その中でフェースが開く動きが生まれてしまうのです。

重さを感じて、その重さを振っているのですから、動いている物体としての中心は重心になります。そして実際には**重心が軌道を作っている**のです。

非常にややこしいお話で申し訳ありませんが、左の写真を見ていただければ一目瞭然だと思います。

そして、このヘッドの動き、ヒールの動き、つまりはグリップエンドの動きは、手の〝ジョウゴ状〟の動きと一致していることもわかっていただけると思います。それが正しい動きだということもご納得いただけるのではないでしょうか。

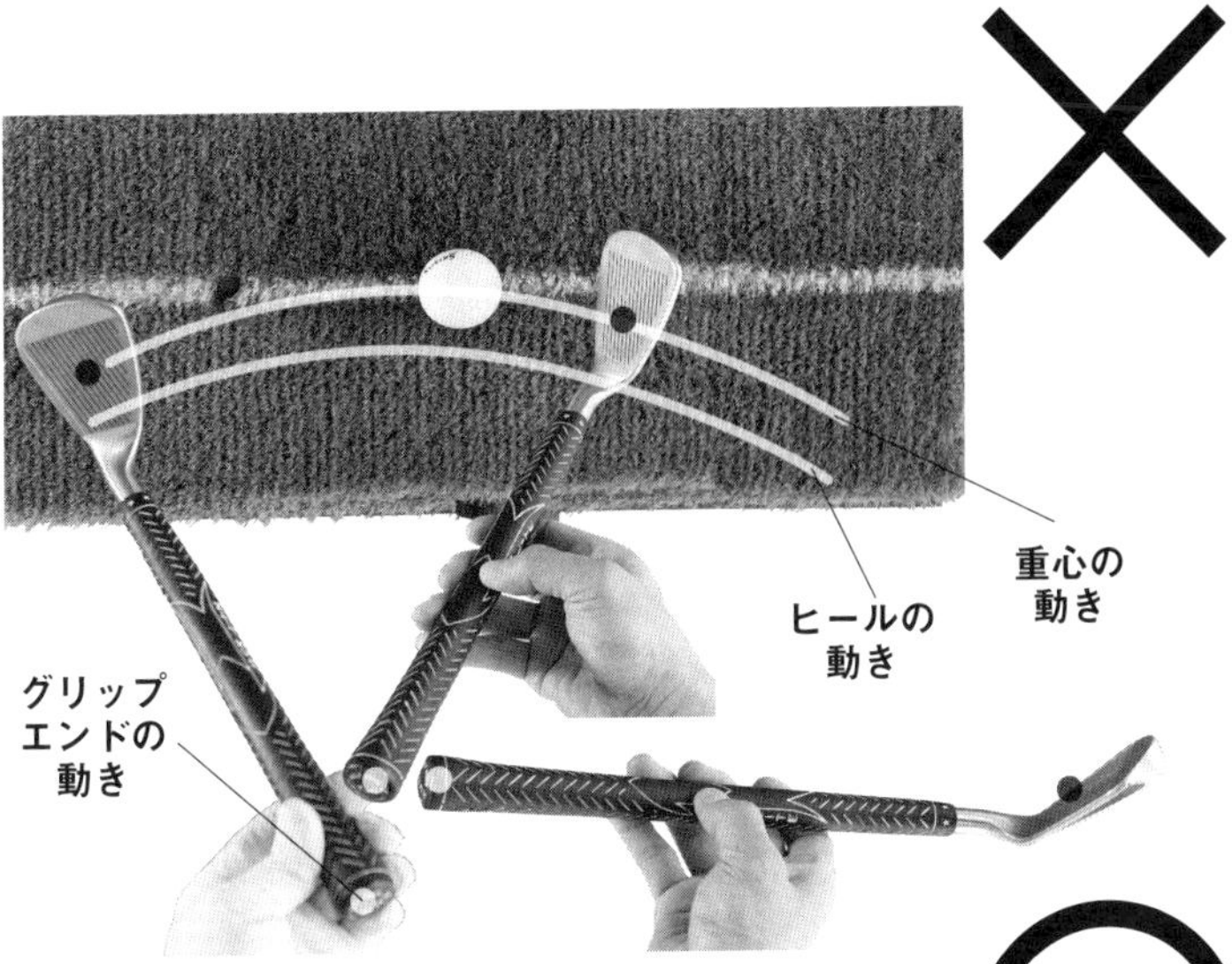

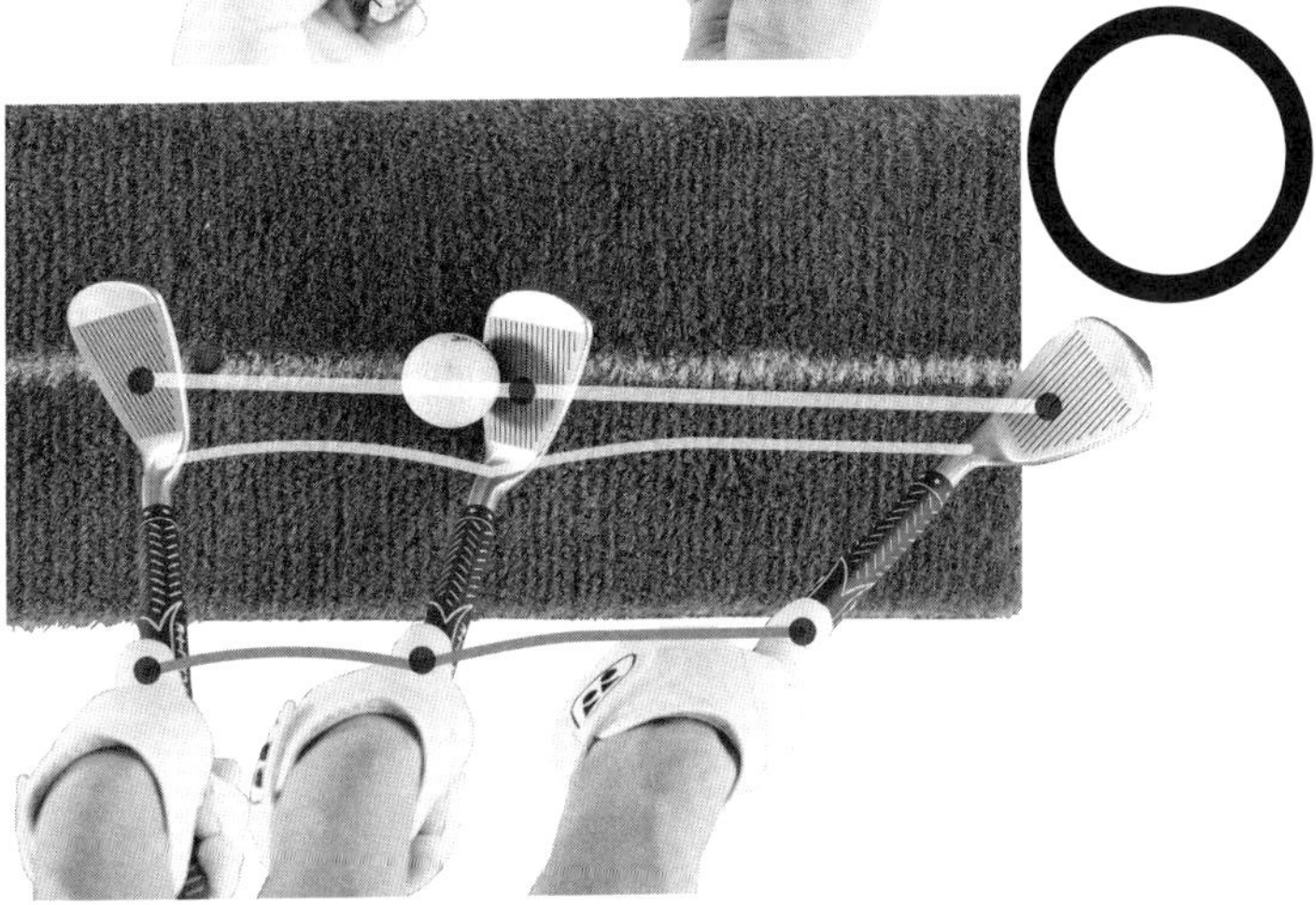

ヒールが扇の中心＝軸＝固定されて、まわりが動いているわけではない。重心がプレーンに乗って進むとき、ヒールとグリップエンドは“ジョウゴ状”の動きをしている。だからインパクトゾーンが長くなる

ヒールから開いて入って ロフトが立ってトウで抜ける

インパクトゾーンでのクラブヘッドの動きを見たところで、せっかくですから、別角度から同じ動きを説明しておきましょう。

スクエアグリップでクラブを持った際、親指がソールのトウ側に対応し、小指はグリップエンドからシャフトを伝わってヒールに直結している感覚があります。手首を縦に折るとき、親指を向こう側に押し込んだらトウが下がり、ヒールが浮き上がるイメージです。

スイングの中で説明すると、**インパクトゾーンにヘッドが入ってくるときは、ヒールからボールに向かっていく感覚です。そこから、親指を向こう側へ下げるように縦に手首を使っているため、トウが下がっていく**。イメージとしてはヒールから地面に触れ、地面に触れている部分が次第にソールの中を動いていき、真ん中を経てトウ側へ移っていき、最後にトウが地面から離れていきます。

リーディングエッジから地面に下りていくのではなく、ソールのヒール側から下りていくため、もう決してダフらなくなります。

クラブは、インパクトゾーンにヒールから入っていき、トウで抜けていく。インパクトではアドレスよりトウが下がり、インパクト後はさらに下がる（そのためロフトは立ってくる）

インパクトゾーンだけでなくプレーン上のどの場所においてもヒールから入ってトウから抜ける動きを連続して進んで行くため、どの場所であってもダフらないイメージになる

インパクトでボールを逃がさない
フェースのひと押しが自然に起きる

手首を縦に使ってダウンスイングをする動きは、クラブヘッドがトウダウンする動きとぴったりシンクロします。この動きはスクエアにグリップし、真っすぐ親指の方向に合わせて下げたのですから、フェース面はそのまま、つまりスクエアなままのはずです。

ところが、ここでもやはり重心の動きが自然にはたらきます。つまり、シャフトの延長線上に重心が重なろうとする。重心はフェースの中にありますから、上から見ればフェースがかぶってくるような角度になるということです。

ご存知の方も多いと思いますが、ミクロで見ると、インパクトでボールはフェースの上を滑るようにして（あるいは転がって）トウ側に逃げていこうとします。これは円運動をしているフェースにはたらく遠心力によって、円の外側へと動かされるからです。**しかし、フェースがかぶるように動くことでそれを押さえられるので、結果としてボールは真っすぐ打ち出されます。**また、この「当たって滑って弾き出される」までの時間の長さによって「フェースにボールが乗った時間」が感じられ、安心感を得られると言えます。

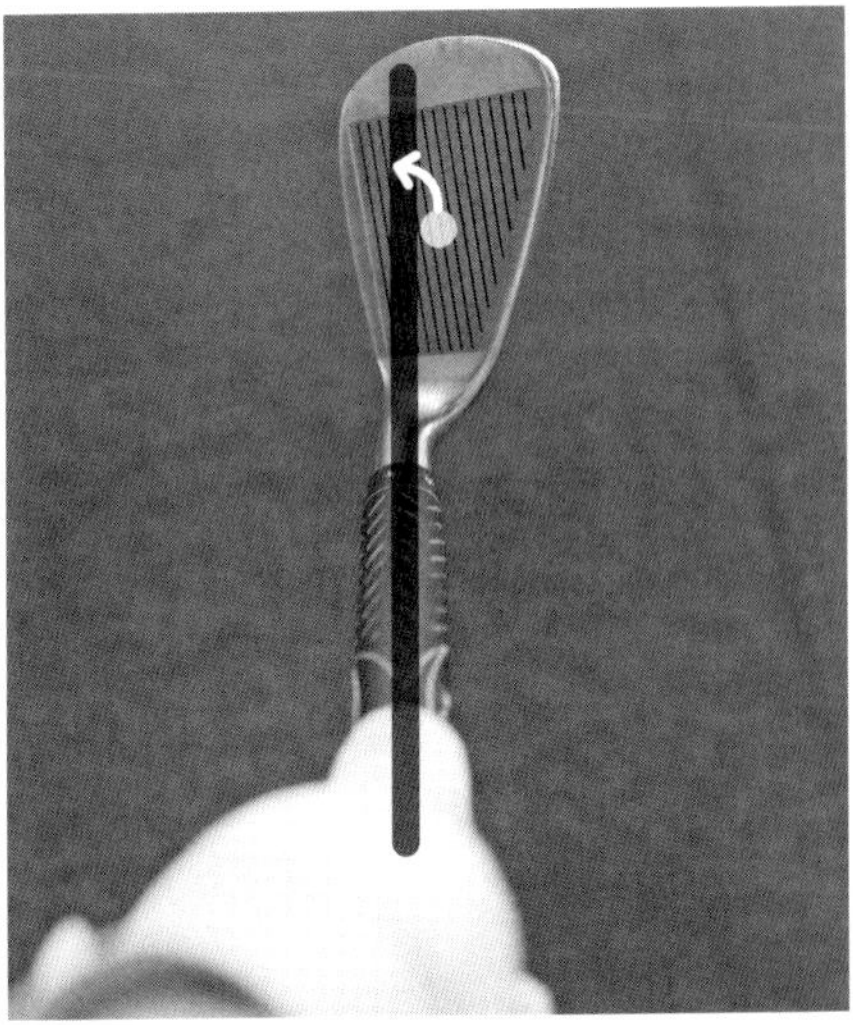

シャフトを縦にしならせ下ろしきると、ヘッドの重心がシャフトの中心線に重なろうとする。つまりフェースは自然に閉じるため、ボールを逃がさない

トウが下がることでロフトがより起きてくるため、インパクトのごくわずかな時間の中で遠心力で外に逃げようとするボールをつかまえ、ラインに打ち出すことができる

縦にはあまり動かない手首の構造がスイングのメカニズムを支えている

「シャフトがトップでトウの方向にしなっているのはわかる。でも、ダウンスイングでそれを反対側にしならせようとするのは、不可能ではないのか。ダフるだろう?」とお思いかもしれません。それはこれまでフックグリップの横振りでうまく打ててきたからだと思います。でもその打ち方はここまで説明してきたとおり、カラダに制限を加え、もてる力を使い切ることなく、なおかつシャフトの力とシンクロさせることもない打ち方です。

「上から下へ振り下ろし、シャフトを下にしならせればダフる」とお考えなのは、実はフックグリップだからなのです。手首をねじっていることで、縦振りする動きの方向は手首に対して斜めに作用してしまいます。斜めに力がかかった場合、手首には〝歯止め〟がないためヘッドが大きくした方向へ落とされてしまうことと、腕の根元をロックしたことで手首の縦の動きに連動して、左腕が短くなる動きが出てこないためダフるのです。

しかし、**スクエアグリップにして手首をねじらずにクラブを持てば、縦振りの動きに対して「これ以上は手首が伸びない」角度、つまり〝歯止め〟が効きます。しかも左腕が短**

くなる（インパクトでトップフロの背中が円《まる》くなるのもこの結果です）ため、決してダフりません。それをうまく引き出すためにも、正しいスクエアグリップの作り方が重要になってくるのですが……。

「コックは縦に使うもの」という昔からの教えに対して、「手首は縦の可動域が小さい。このような動きでスイングが作られるとは思えない」というゴルファーがいますが、その可動域の小ささを利用して作るのがゴルフスイングだということをご理解ください。

的確にスクエアグリップを作ると、クラブに対して縦に力がはたらいても、それほどヘッドは下に落とされない。それは手首の縦方向の可動域の小ささをうまく利用しているためだ

左親指と人さし指のV字が右肩を指す? なぜそれが「自然」と言えるのでしょう

「左手親指と人さし指のあいだにできるV字のシワ」という表現がよく使われます(“あいだのシワは1本”なのになぜV字と呼ぶのかも不思議です! V字と呼ぶなら「親指と人さし指のV字」と呼ぶべきではないでしょうか)。

そして、「標準的なグリップではV字が右ワキを指す」とされますが、そこにどんな意味があるのでしょう。左手のV字が右ワキを指すとなると、手のひらを開いた場合、腕と手の甲に角度ができているはずです(手の甲側に折れている)。その場合、右手は腕から手の甲が一直線でしょう。しかし、「インパクトで左手甲と左腕が一直線、右手首の角度は“キープされている”」もよく言われることです。両者を満足させる条件は、ダウンスイングのウエイトシフトで手の位置が左にズレること。ですが、そうするとインパクトではフェースがかぶってしまいます。

第3章

スクエアグリップの作り方

肩から真っすぐ伸ばし、腕全体がノーストレスな状態をベースにする

自然に立って、何も意識せず手を下ろしたときが、腕にとってニュートラル、つまり重力以外どのような負荷もかかっていない状態です。

このとき、両手の親指はカラダの正面を向いていると思います。そのまま腕を肩の高さまで上げれば、「前へならえ」の形になるはず。両手のひらは向かい合って、平行。親指は真上にあります。

ヒジの向きは人それぞれ違いがありますが、左ヒジについては、自然なニュートラルな状態のままにしておきます。右ヒジは下（地面）を向けると動かしやすくなります。

この状態でグリップを作ることが、さまざまな動きに対してストレスなく腕全体が反応する準備となります。

腕は全体として肩甲骨も含めて機能的に連動し、カラダの構造を最大限活用できる体勢です。余分な抵抗がかかることもなく、筋肉が十分に使えるため、力は最大、また再現性も高くなり、なおかつケガの危険も減らしてくれるはずです。

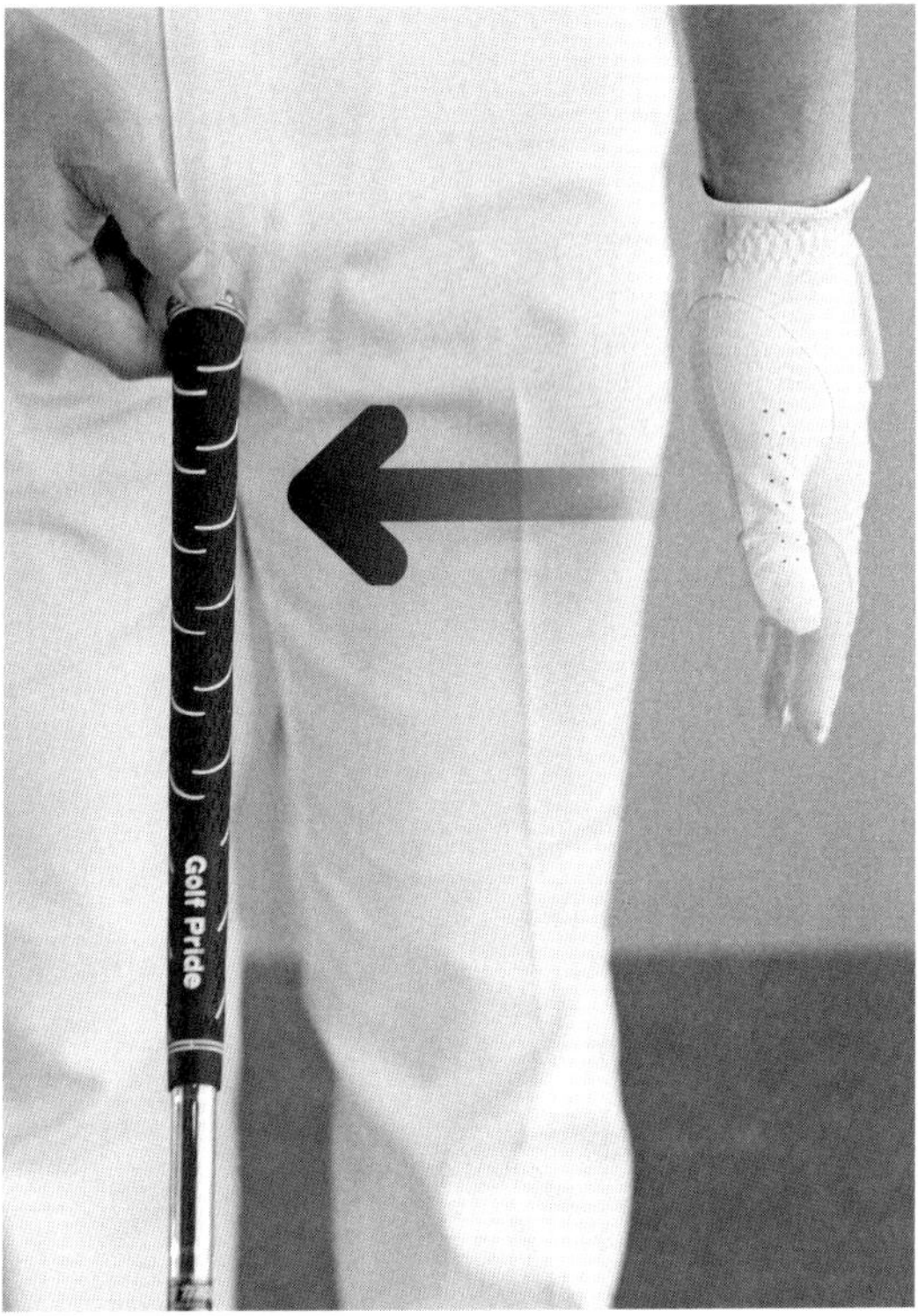

腕をカラダの真横に下ろしたとき、親指が正面を向き、手のひらは内側を向く。その状態のままグリップを作ることがカギとなる

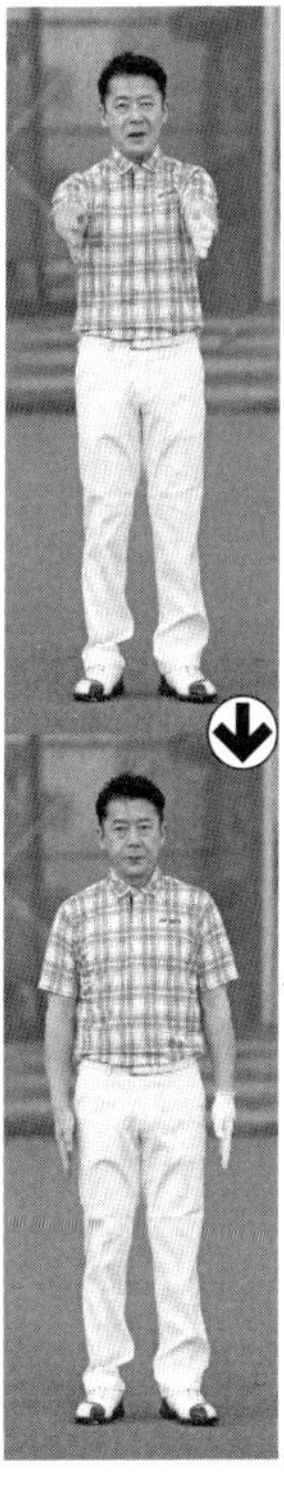

猫背だったり肩が前に出た姿勢だと、手を下ろしたときに両手のひらがハの字の向きになるかもしれません。その場合は、「前へならえ」をしてから腕を自然にカラダの横に下ろしてください。親指が前を向いたニュートラルな状態になるはずです。ならない場合は、まず肩を構造上の適正な位置にするトレーニングが必要かもしれません。

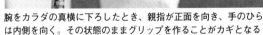

小指の付け根にグリップを乗せその上に小指側の側面を乗せる

腕をニュートラルな状態にしたらまず、左手です。

左手は小指の根元でグリップエンドの上を挟みます。小指の根元のふくらみ（小指球）とよく言われますが、**単に手のひらのふくらんだ部分ではなく、その側面をグリップエンドの上側に乗せます。**

グリップエンドを引っかける場所を手のひらのふくらみ部分にすると、手のひらを上から押さえる形、つまりフックグリップの手の向きになり、そのとき手のひらにかかるクラブの重さの圧力を感じながら動かそうとすると、クラブを横に振る動きになります。

しかし、手の側面を使うと手のひらを真横に向けたまま（つまり手首がニュートラルな状態のまま）クラブを上から押さえることができ、そして側面でクラブの重さの圧力を感じていれば、手の動きは手首を縦に使うことにつながります。つまり、縦振りができるのです。

手のひらの側面をグリップの上側にあてがい、重さを支える

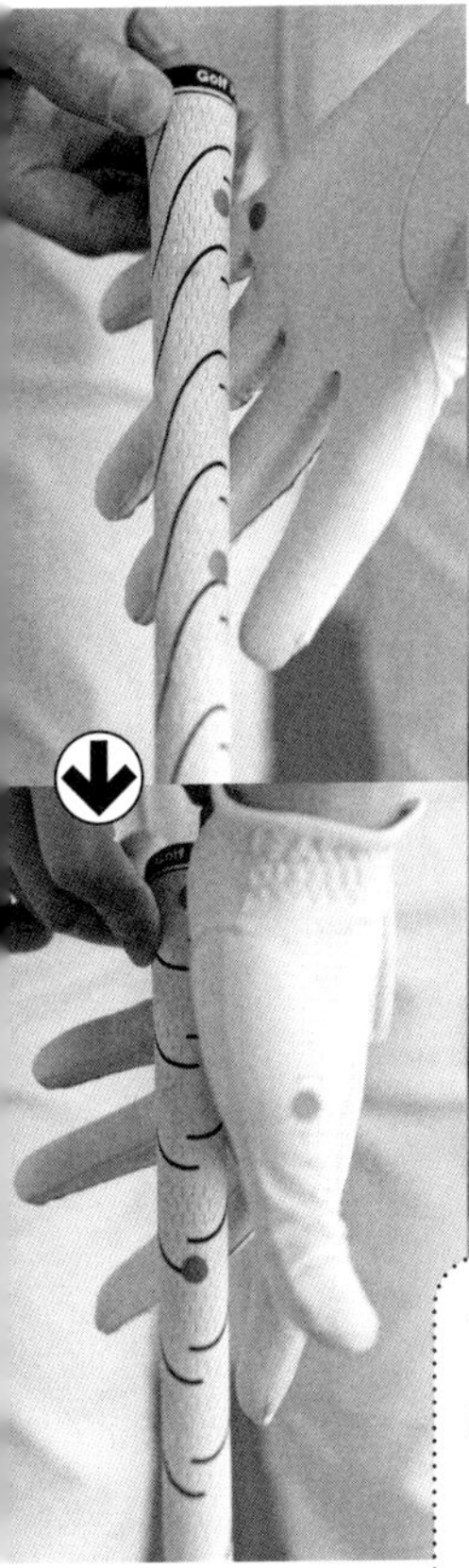

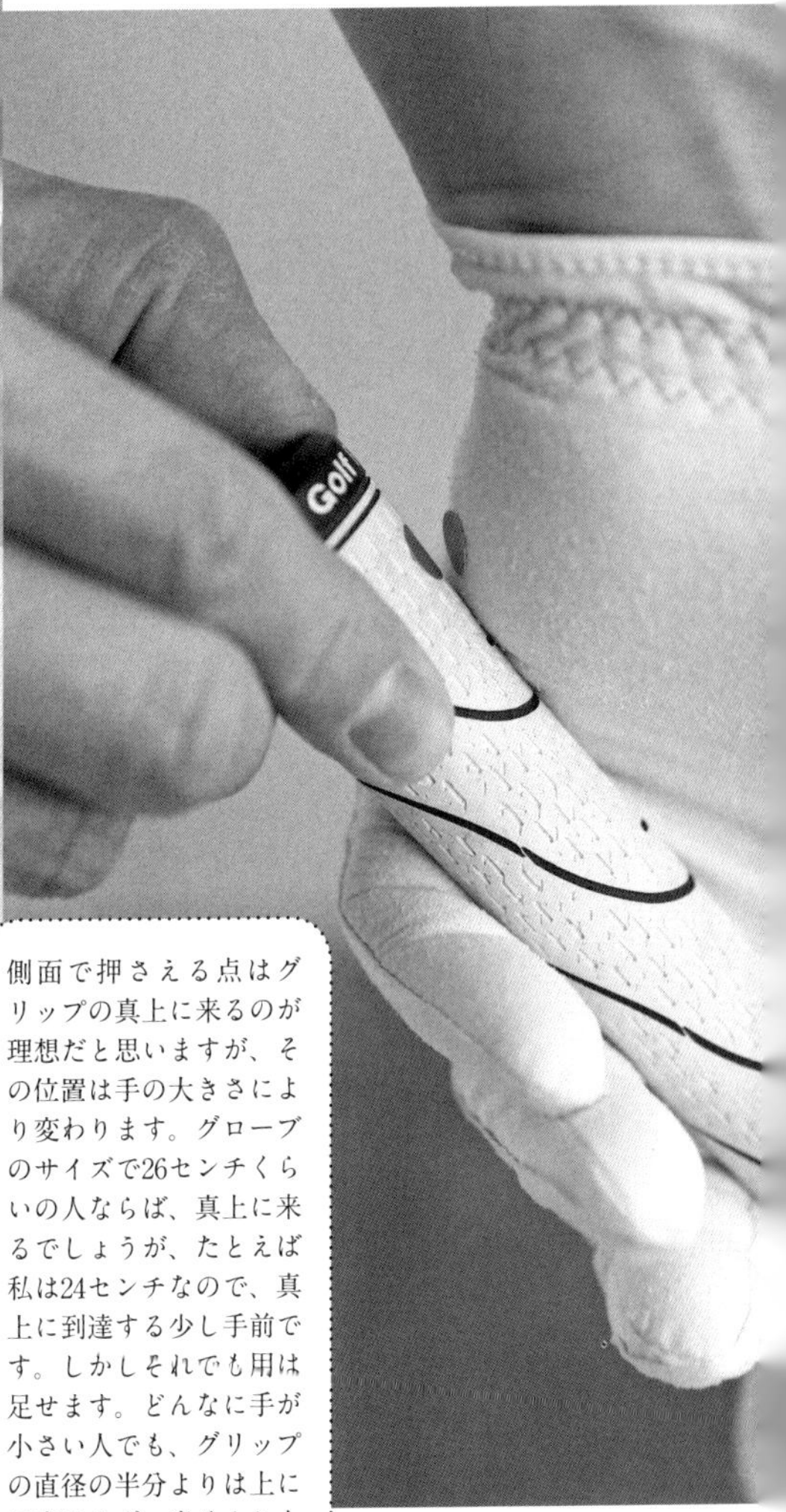

小指の付け根をグリップの裏側にあてがい（写真上）、手のひらの側面をグリップの上から乗せる

側面で押さえる点はグリップの真上に来るのが理想だと思いますが、その位置は手の大きさにより変わります。グローブのサイズで26センチくらいの人ならば、真上に来るでしょうが、たとえば私は24センチなので、真上に到達する少し手前です。しかしそれでも用は足せます。どんなに手が小さい人でも、グリップの直径の半分よりは上には来るはず。半分より上ならば、上からグリップを押さえられます。

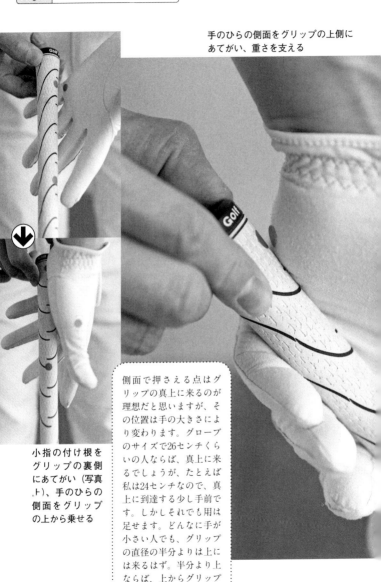

左親指を第2関節から真っすぐグリップの上に乗せる

次に、**親指のハラをグリップの真ん中に上から置きます**。置くだけですが、左手に関しては、この親指の置き方が非常に重要な意味をもっています。

親指の第2関節から指先が、グリップと平行になるように真っすぐ置く。そうすると、親指側の手首のくるぶし（橈骨茎状突起《とうこつけいじょうとっき》）は真上に来ます。その2点を常に確認しながらグリップを作ってください。

このように握ると、真っすぐの親指がリーディングエッジの向きと一致します。つまり**親指が真っすぐであるかぎり、フェースはスクエアだと言うこと。これで完璧にフェース向きのコントロールができるのです**。

この状態で手のひらを開くと、手のひらの向きは最初のニュートラルな状態のまま。親指も自然な位置に保たれていたことがわかると思います。

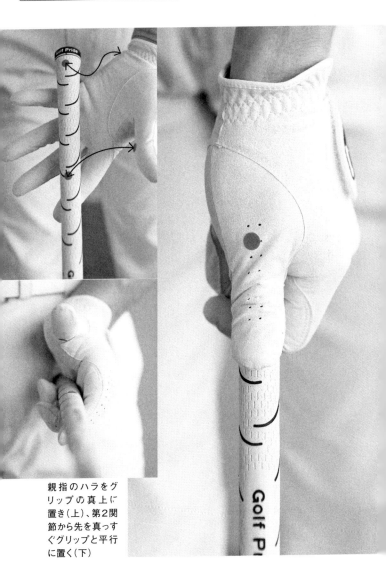

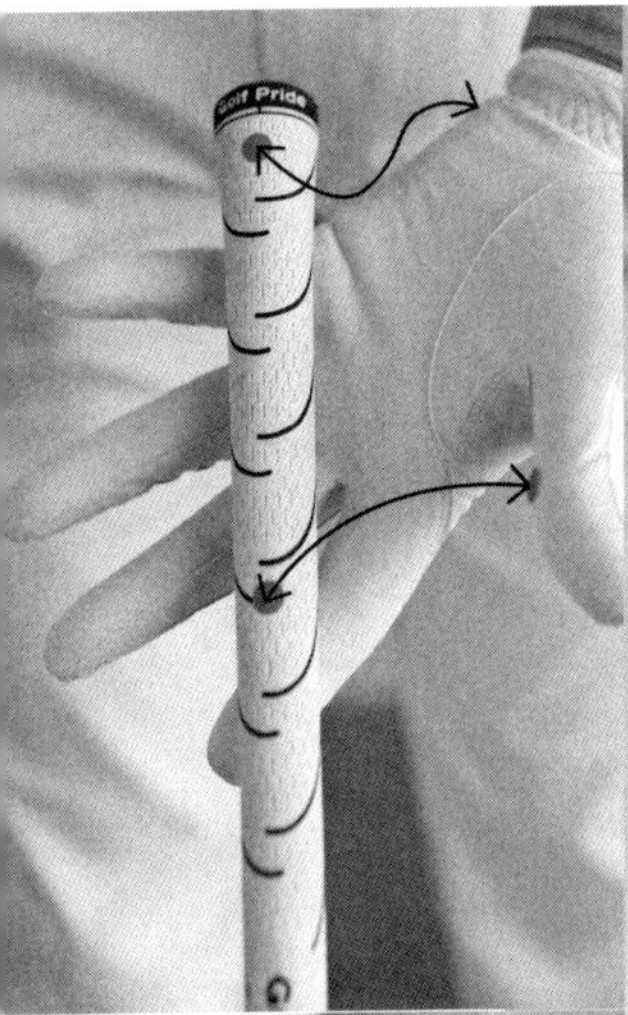

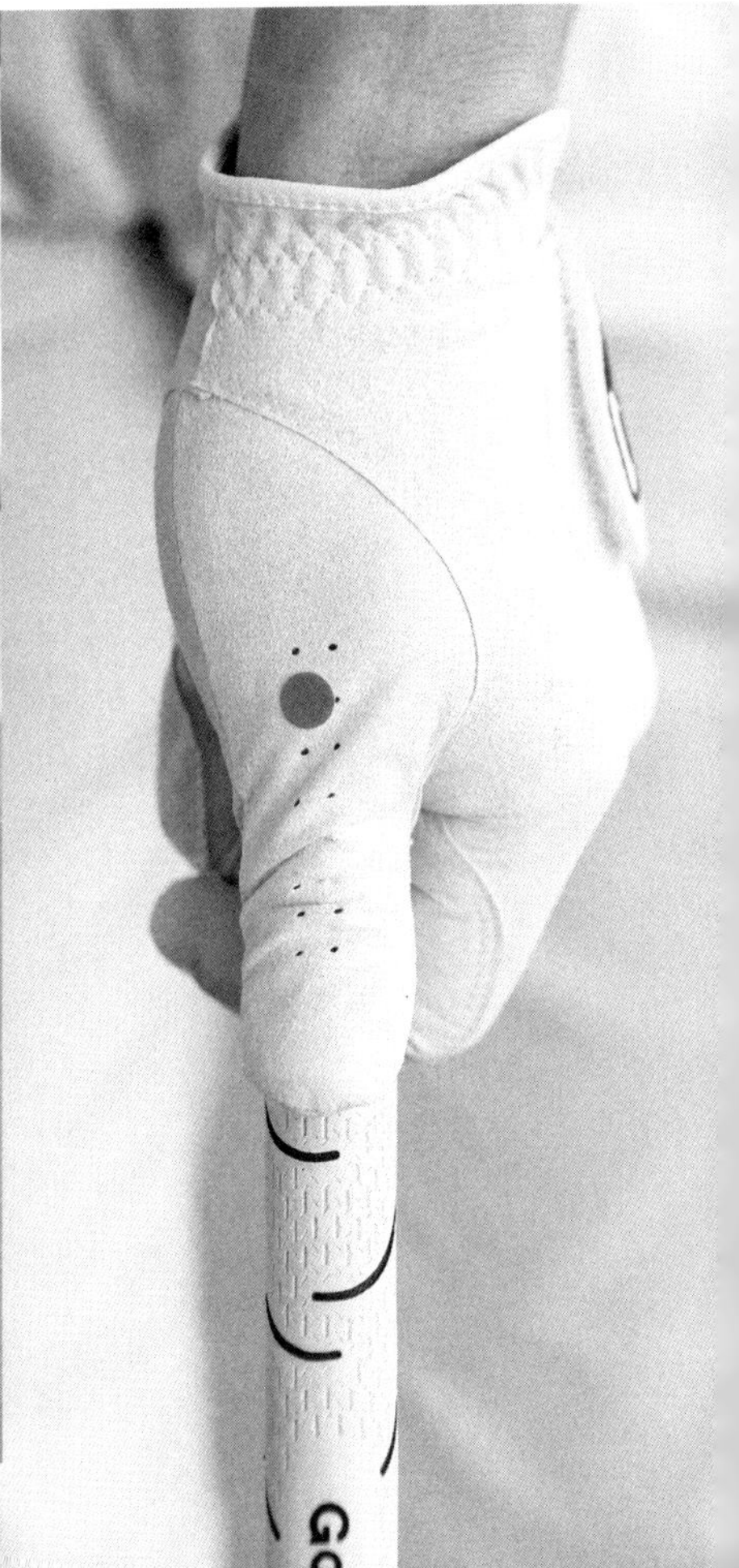

親指のハラをグリップの真上に置き（上）、第2関節から先を真っすぐグリップと平行に置く（下）

左手親指がヘッドのトウ、小指がヒールとシンクロする

左手首をニュートラルにして、スクエアにグリップした状態で、小指側を押し込んだり、親指を前へ押し込むように下に向けるのが、手首の動きであり、クラブの動かし方、つまり縦振りになります。フェース向きが親指の向きと一致しているという関係は、この動きをしても変わらないことになります。

また、**そのとき親指がソールのトウと、そして小指がヒールと動きをシンクロさせてイメージでき、ネックのところで直接ヘッドを動かしている感覚でクラブをコントロールできるのも、このグリップのメリットです。**

この動きこそが、トウダウンというスイングにおいて避けられない現象とシンクロし、それを活用して飛距離増大につなげられる縦振りにつながるのです。

決して常識はずれの動きなどではありません。昔から「コックは縦にするもの」と言われてきたはずです。

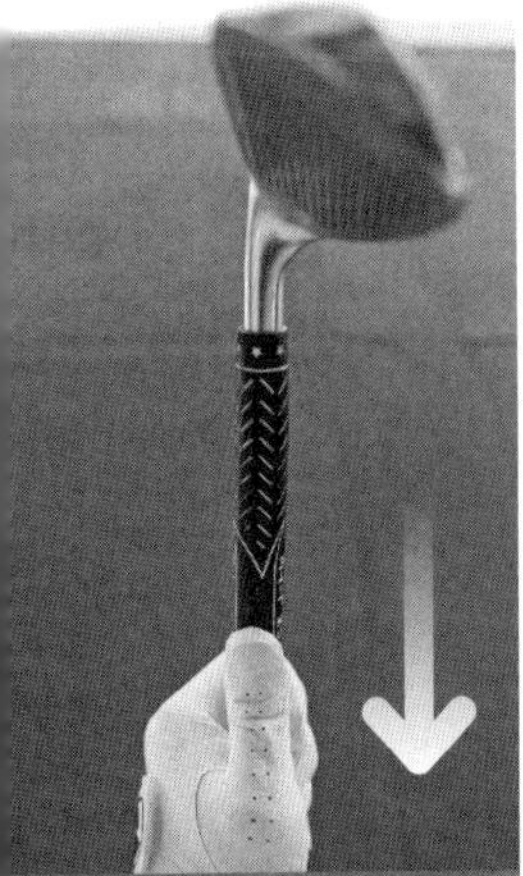

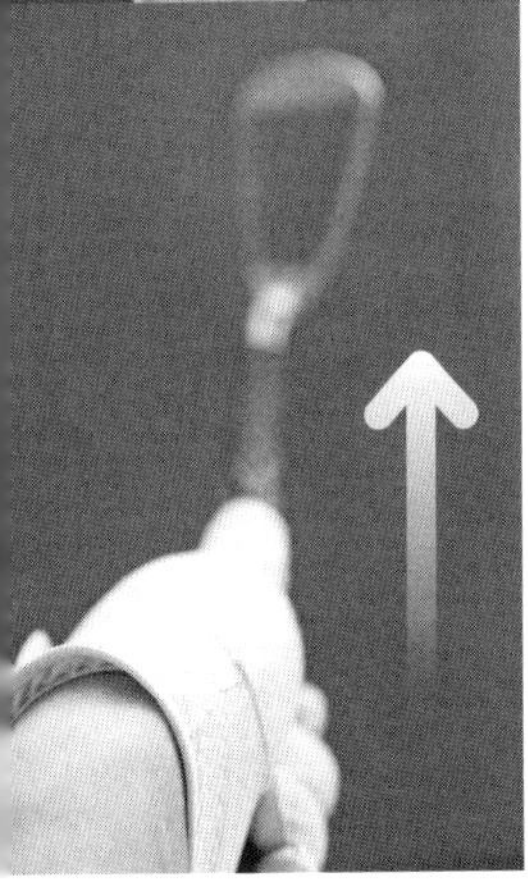

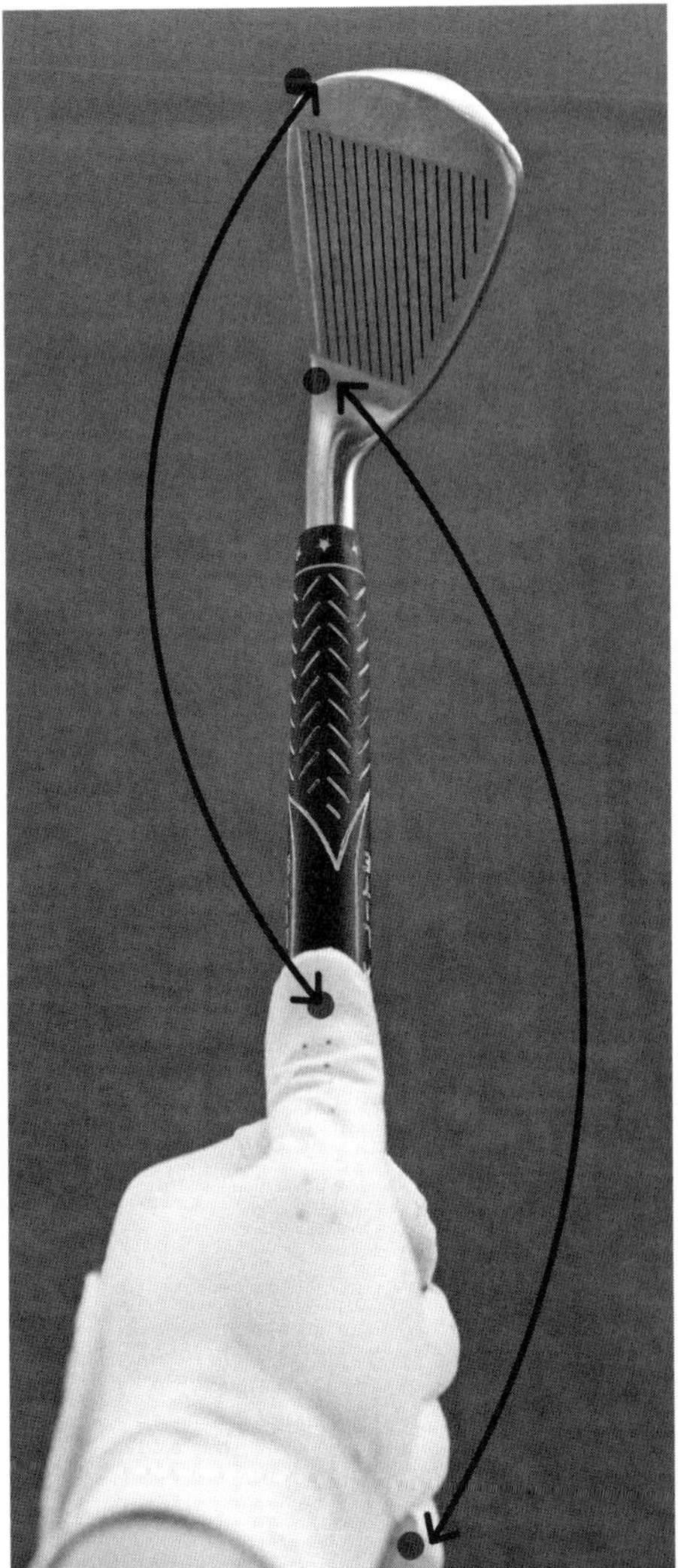

親指の向きがフェース向きを示している。手首の動きは縦方向。つまりトウを上に動かしても下に動かしてもフェース向きは変わらない

ニュートラルだからこそ肩まで含めた腕全体が連動する

手首を縦に使うときに、ニュートラルだからこそ腕全体が連動して機能します。

具体的に言えば、小指側を裏で下に押し込むようにすると、腕が根元（ワキのあたり）から前に引き出されるようになります。これを「腕が長く」なると私は表現しています。逆に、親指を向こう側に押し込み、小指側を裏から引き上げるように手首を使うと肩甲骨が背骨側に寄せられるようにして「腕が短く」なります。これはインパクト直後の動きです。

ニュートラルに構えたことで、このように腕の根元から多くの筋肉を総動員して動くことができるのです。つまりはパワーも増大します。

フックグリップで構えた場合、腕をねじってワキを締めてしまうため、あるいはグリップを上から押さえた場合もそうですが、肩を根元でロックしてしまい肩甲骨を大きく動かすことができなくなります。これがさまざまな悪影響を生んでいるのです。

腕にとってニュートラル状態（親指が真正面を向く）でグリップを作ると、手首の動きに腕全体が連動する。小指を前に出して親指を上げれば肩甲骨が前に出て腕が長くなり、親指を前に押し込めば肩甲骨が引き込まれ腕が短くなる

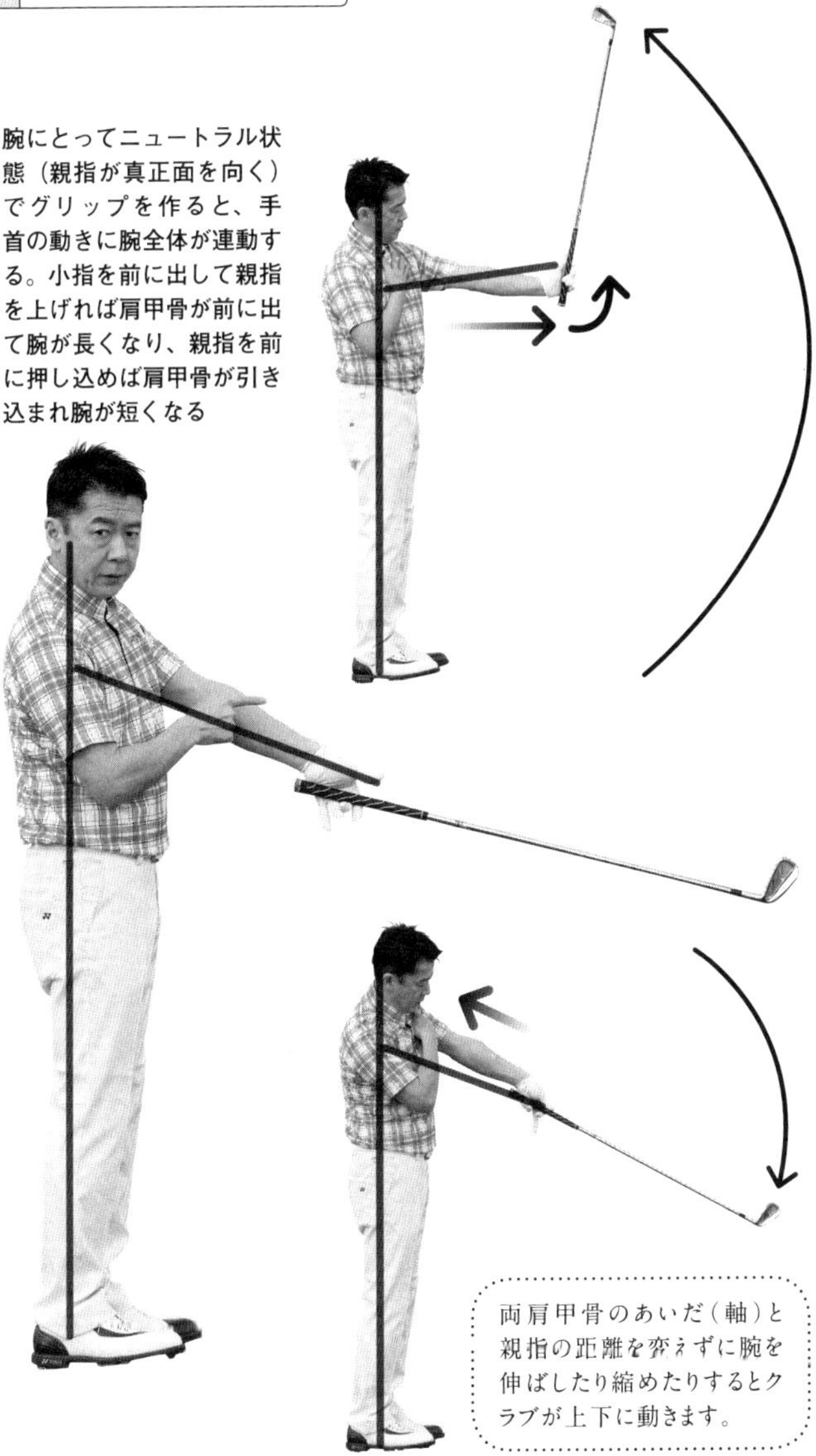

両肩甲骨のあいだ（軸）と親指の距離を変えずに腕を伸ばしたり縮めたりするとクラブが上下に動きます。

右手は親指の付け根と薬指で左手親指を上下から挟む

右手は、親指の付け根と薬指の根元から第2関節までだけです。

親指の付け根の中心あたりを、左親指の第2関節にあてがうようにしてかぶせます。

そして薬指の根元から第2関節（手が大きければ根元、小さければ第2関節にかけての部位を使う）をグリップの下からあてがい、上からかぶせている親指とで、グリップごと左親指を挟みます。握りつぶすわけではなく、挟んだ間隔のまま万力《まんりき》のようにホールドするイメージです。

これがグリップの〝必要十分〟です。これだけでクラブを振ることも、ボールを打つこともできます。

つまり、左手小指の付け根、小指側の側面の2点でグリップエンド側を上と下から挟んでいるのに加え、左親指のハラと右親指の付け根を重ねて上からと右薬指の付け根で下から、グリップの先端側（ヘッド側）を上下から挟んだ状態。この4点で支え、そしてクラブの動きを作ります。

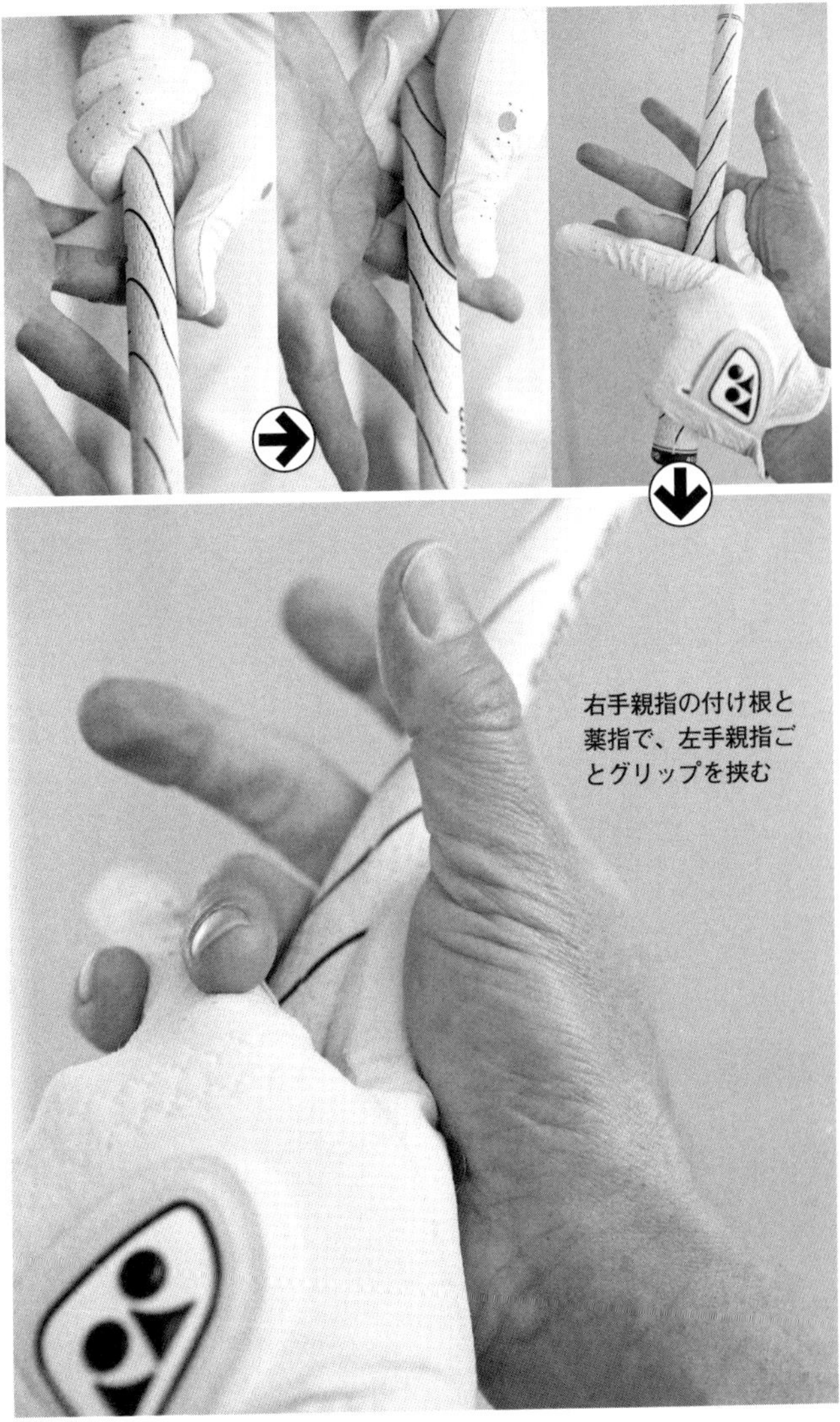

右手親指の付け根と薬指で、左手親指ごとグリップを挟む

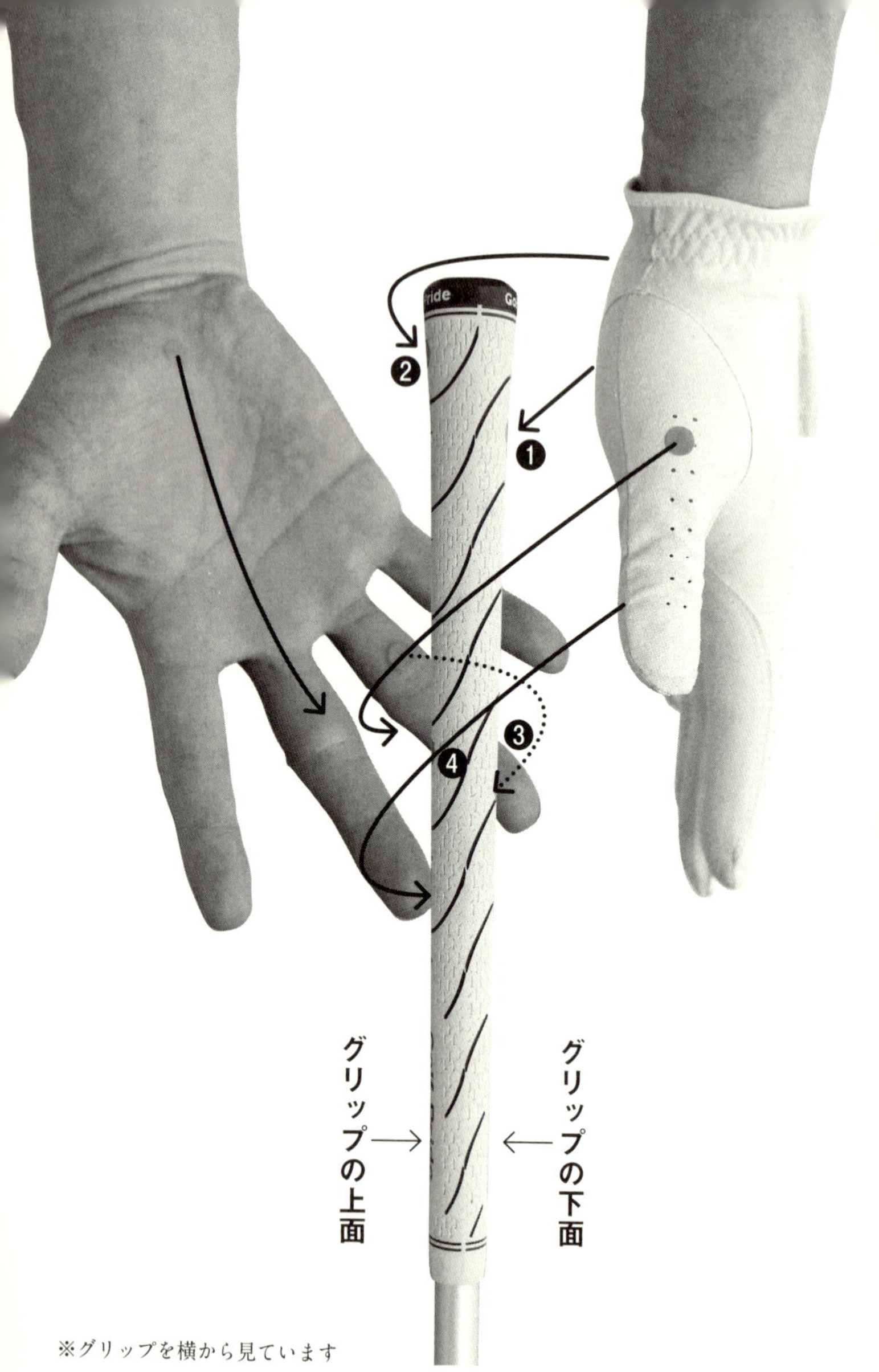

※グリップを横から見ています

グリップは４点だけで支える感覚。❶左小指の付け根　❷左手小指側の手のひらの側面　❸右手薬指の根元から第２関節　❹左手親指のハラ　その上から右手親指の付け根

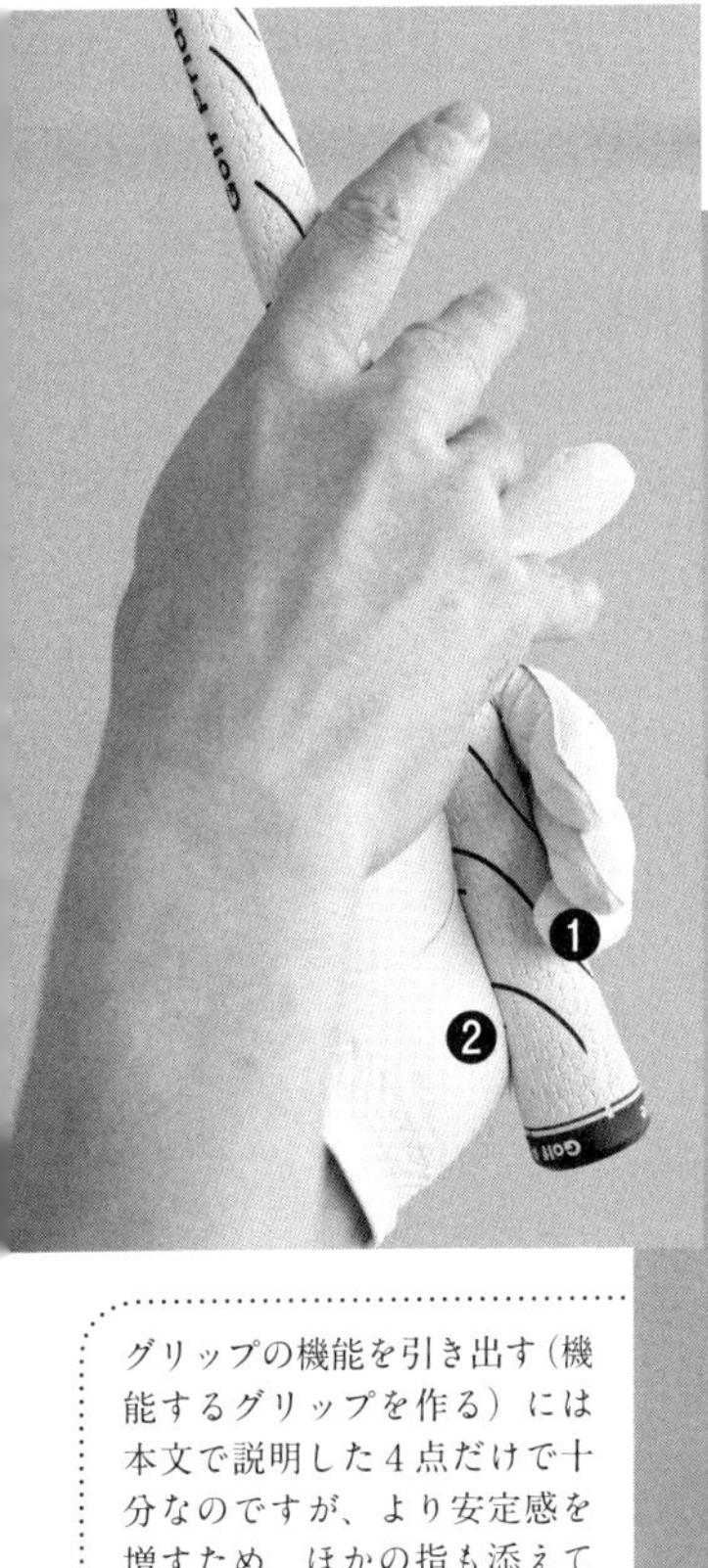

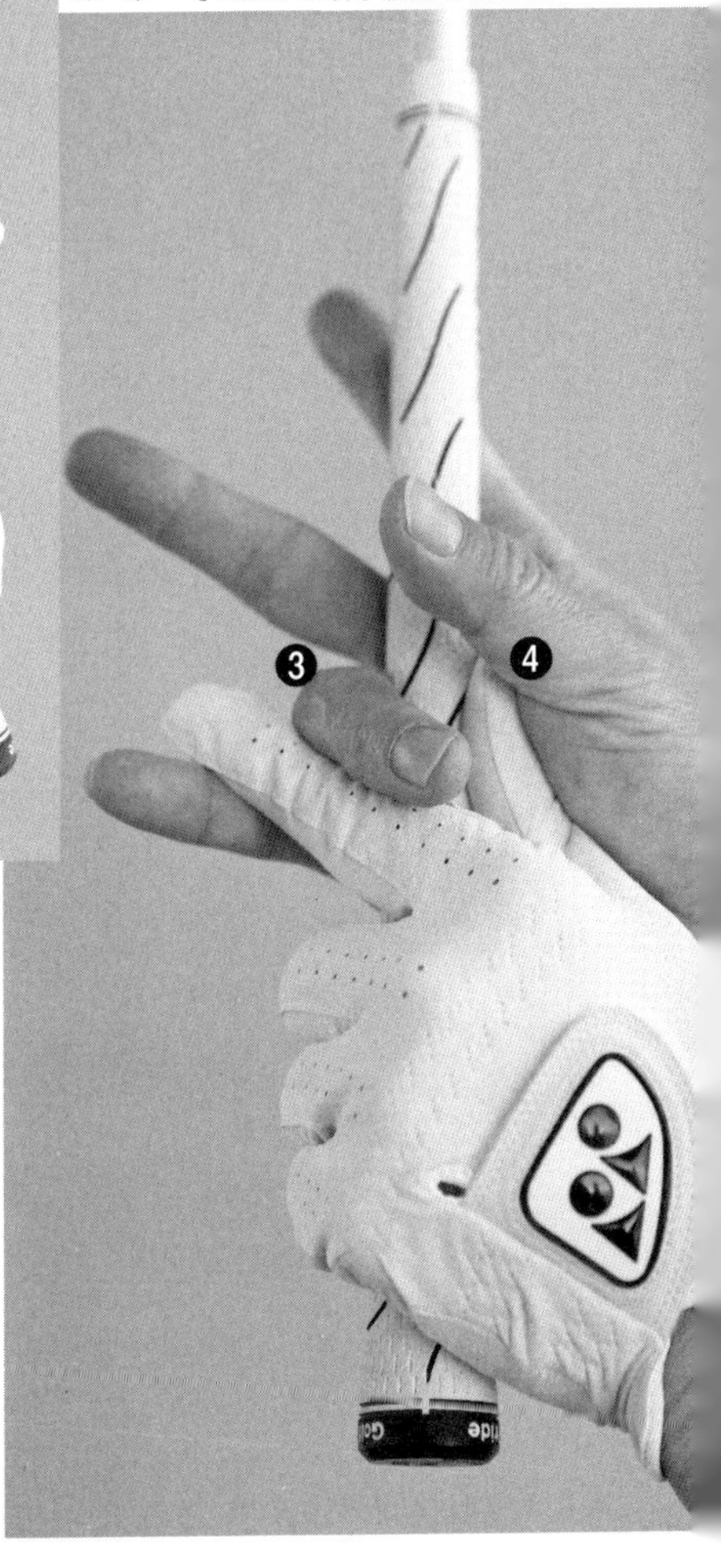

グリップの機能を引き出す（機能するグリップを作る）には本文で説明した４点だけで十分なのですが、より安定感を増すため、ほかの指も添えて仕上げます。

右手の親指は前腕から一直線。それなら腕全体の連動性が出る

4点で支えたあと、ほかの指を添える際、やはり右手のほうも親指だけは向きに注意してください。親指の向きは手首の向きに直結し、それが左手と同様、ニュートラルにセットされれば、腕全体の関節、筋肉が連動できるからです。

右肩の真下に手を下ろしたときに、親指が真っすぐ前を向いていることを確かめてください。右親指側のくるぶしは真上にあります。

この状態から、右手をグリップ位置にもっていきます。グリップ位置は、カラダの中心よりも少し左側にセットしていますから、右腕は斜めに差し渡す形になります。そのため、左手はニュートラルな状態で、親指が真っすぐグリップと一直線になりましたが、右手は同じようにはいかなくなります。

右手はグリップとではなく、右前腕から真っすぐになるよう親指をセットすること。それで腕が自然な状態で準備が整います。

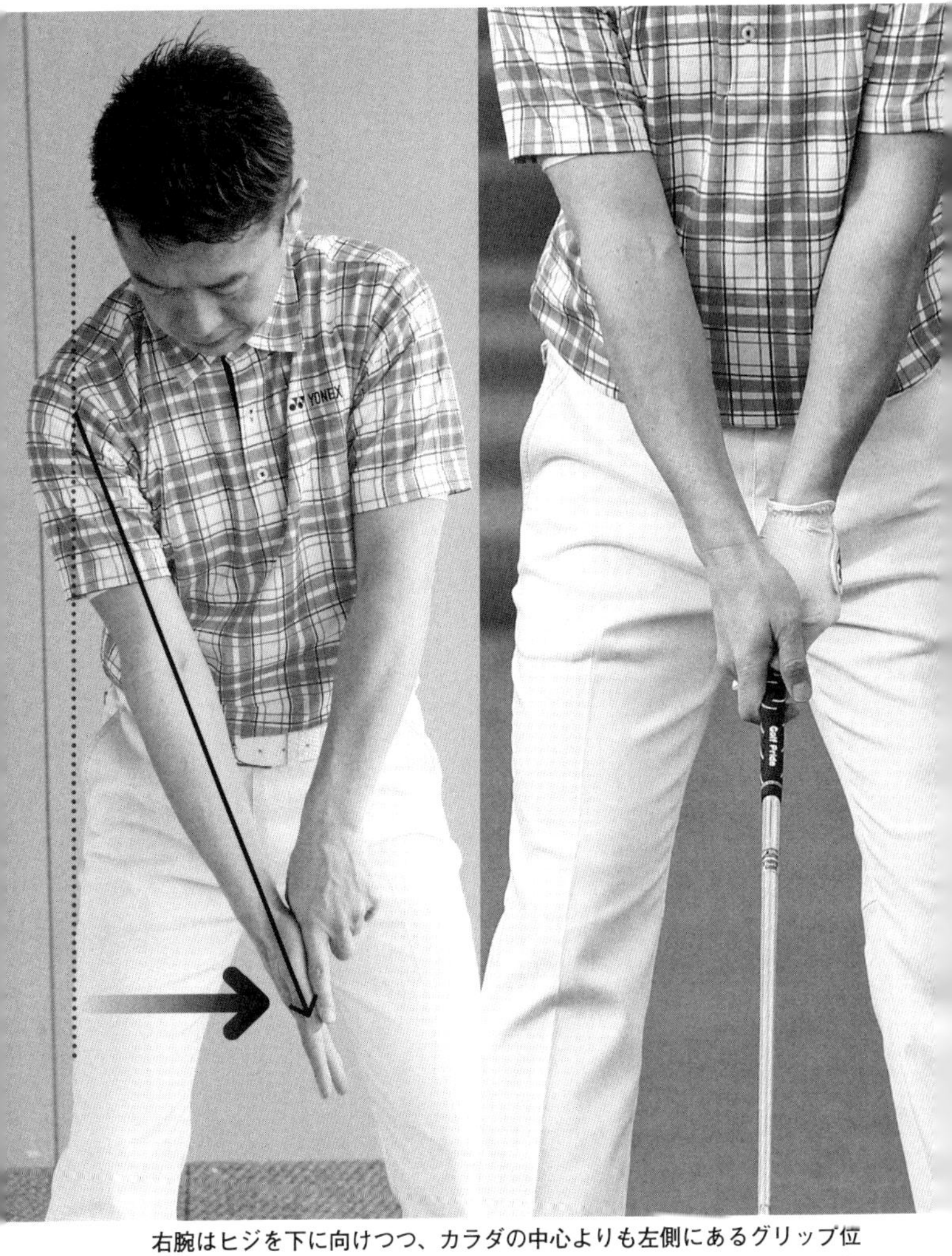

右腕はヒジを下に向けつつ、カラダの中心よりも左側にあるグリップ位置へ動かしてセットする。そのため親指は左手の親指と平行にはならない。しかしそれでもニュートラルな状態は保っている

根元で挟むだけでクラブは抜けない。指先を使わないことがカギ

ここまで説明したとおり、グリップは4点で挟みました。挟むのに使ったのは、左小指の付け根一帯。そして右親指と薬指の根元。すべて指の根元の部分です。つまり、指先はまったく使っていません。

グリップについては昔から「すっぽ抜けないギリギリの力加減がベスト」と言うプロが多いと思いますが、それは力を使わなくても、グリップエンドの先端の広がった部分が引っかかるので抜けていかないからです。小指の付け根の部分を使って挟むのでは大きな力が出ないと思われるかもしれませんが、元来大きな力は必要ないのです。

それより、指先の力を入れることで、腕全体のしなやかな連動性や可動域の確保が損なわれることのほうが問題。**指先を使うと、腕を縮めようとする動きや力が生まれやすいためです。**

4点で挟む力だけで、クラブは振れます。ふつうの男性で250ヤードは飛ばせるスイングができることは保証します。

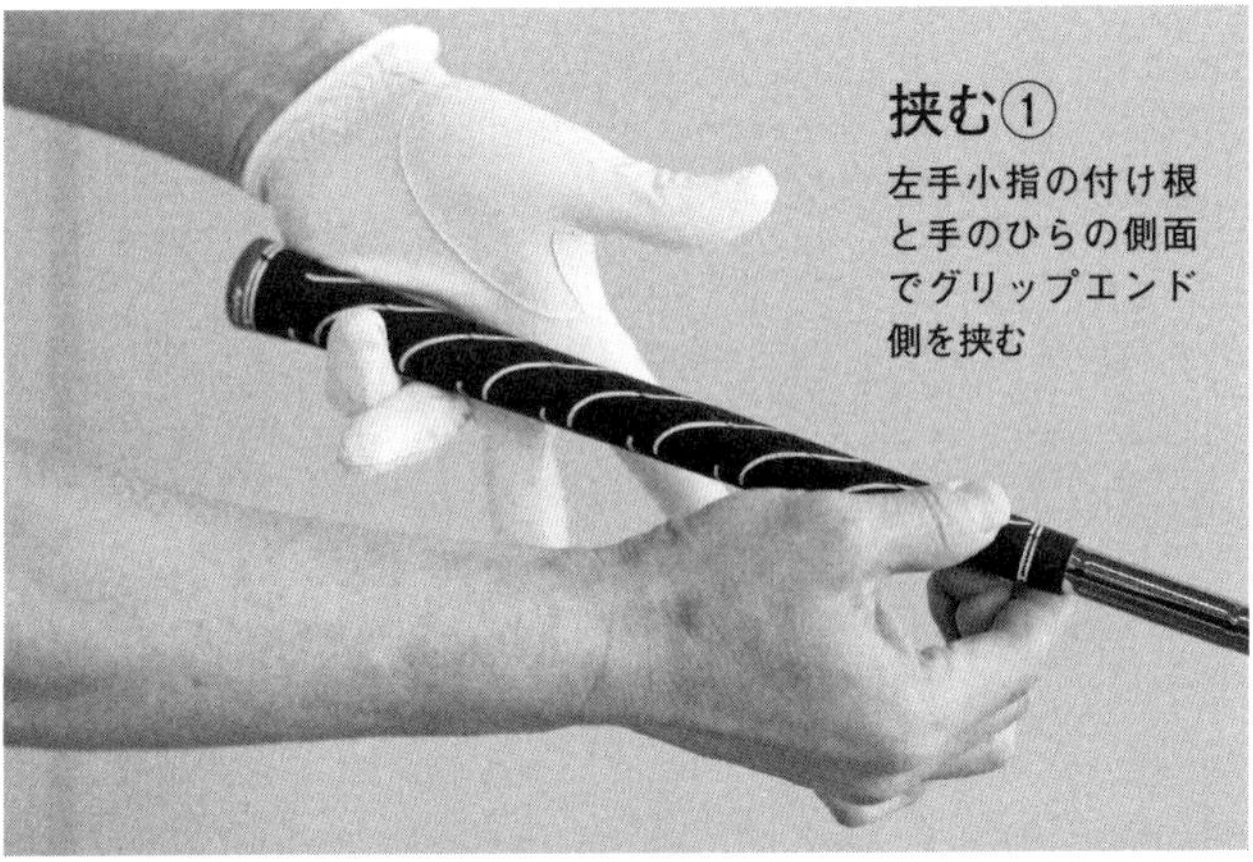
挟む①
左手小指の付け根と手のひらの側面でグリップエンド側を挟む

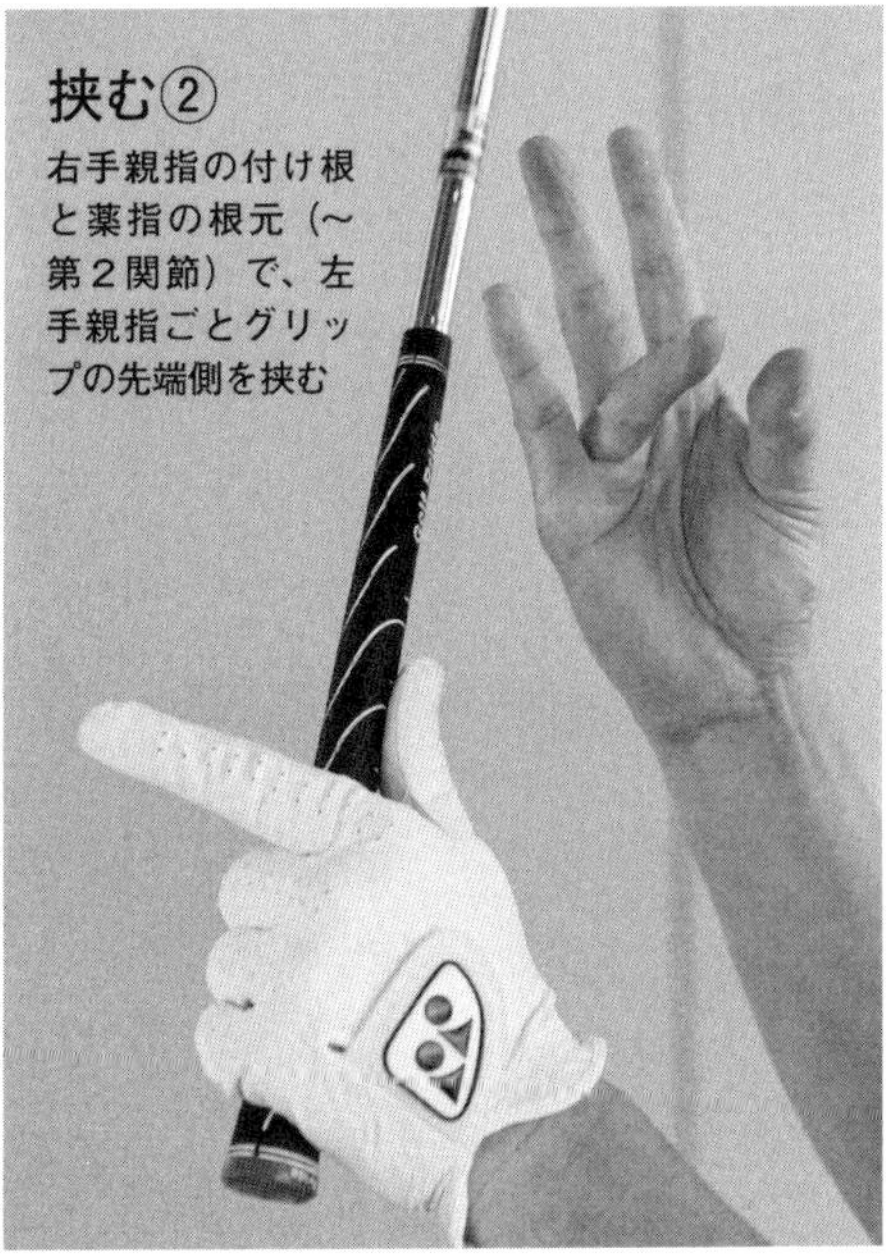
挟む②
右手親指の付け根と薬指の根元(〜第2関節)で、左手親指ごとグリップの先端側を挟む

昔からクラブを支える力については、すっぽ抜ける方向への抵抗さえ作れればいいと考えられてきたと言えます。つまり縦方向に力はたらくという発想であり、クラブを横方向に動かすときの力に対して支えようとか、より力を入れようという発想からグリップの力感のことを説明したゴルフの格言、名言の類いはあまりないはずです。

手のひらはグリップに密着させずすき間を残しておくこと

左手の小指側では、手のひらの側面をグリップにあてがいましたが、その結果として小指と人さし指のあいだが近くなり、手のひらに丸みができています。

つまり、**グリップしているものの、手のひらにはグリップとのあいだに空間ができているはず**。

この空間をつぶして手のひらをグリップに密着させないと、手とクラブの一体感が作れず、支えるという目的に対して、非常に物足りなく感じると思います。が、それでいいのです。密着させると手のひらがグリップの上面にかぶさりフックグリップになります。それ以上に手とクラブの連動が鈍くなり、最大限のヘッドスピードを出せなくなることもマイナスです。

この空間はあけておくこと。グリップは「手のひらで小鳥を包み込むように」という表現がありますが、この丸みは小鳥を殺さずに手のひらに収めるのにぴったりのはずです。しばらくこのグリップを試し、効果をぜひ実感してみてください。

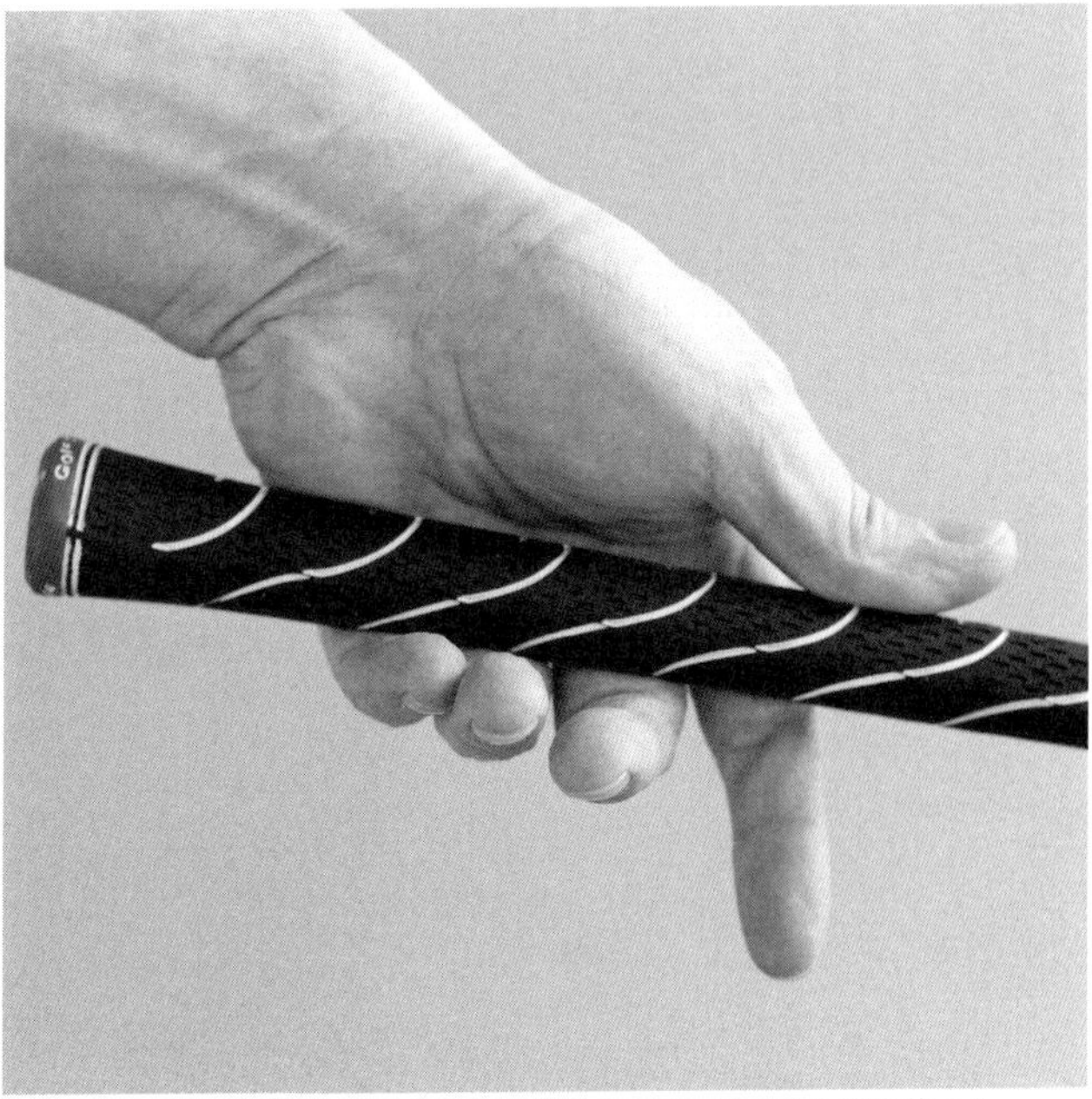

4点だけでグリップを支えられるのだから、手のひらを密着させる必要はない。「頼りない」という恐怖を乗り越え、すき間をあけたままにしておくことで、ヘッドが走ることがすぐに実感できる

最後に両脇から挟むことでグリップが完成する

「挟む」ということについてはもう一つ。

両腕全体を使って、左右からクラブを挟む作業でグリップが仕上がります。ワキを軽く締め、その力が前腕を通じて手のひらどうしを重ね合わせているというイメージ。それ以上に無理に力を入れる必要はありません。

説明したとおりにグリップを作ると、左と右の手のひらの重なっている面積がかなり大きくなっているはずです。それにより、本来あまり気にしたくない横方向の力に対して、クラブを完全にコントロールすることができるようになります。

左右からこのようにグリップを挟むと、縦振り方向のクラブの動きをまったく妨げることがありません。そして、縦の動きに対してはフリーな状態である一方で、横振り方向に対してはムダな動きが生まれないのです。

そうしたことに気づくごとに、私は「スイングのメカニズムは、うまくできているなあ」と感嘆せざるを得ません。

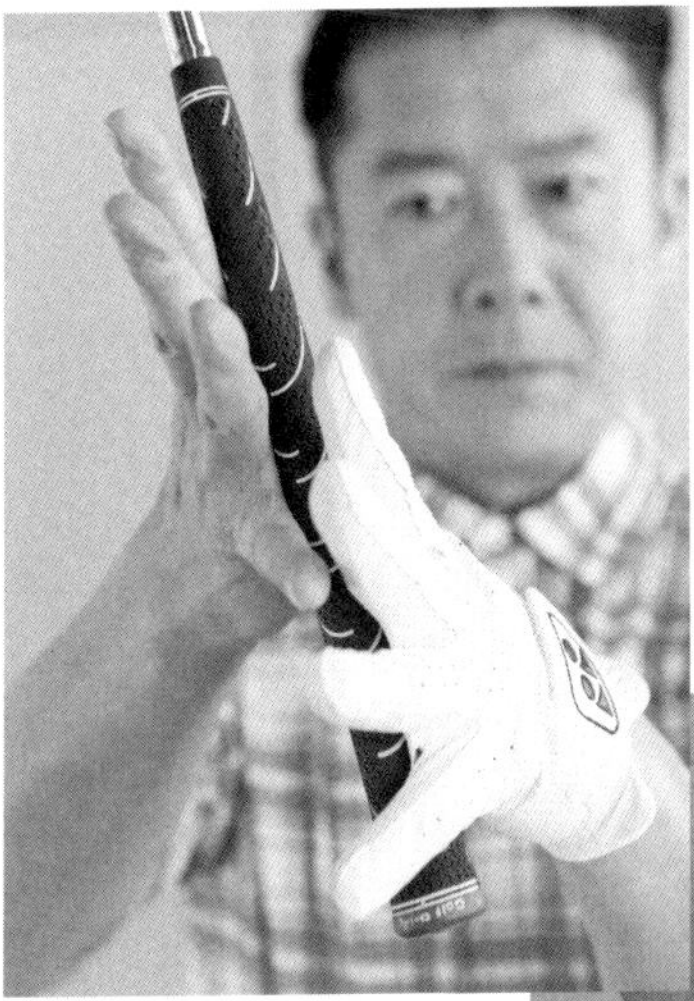

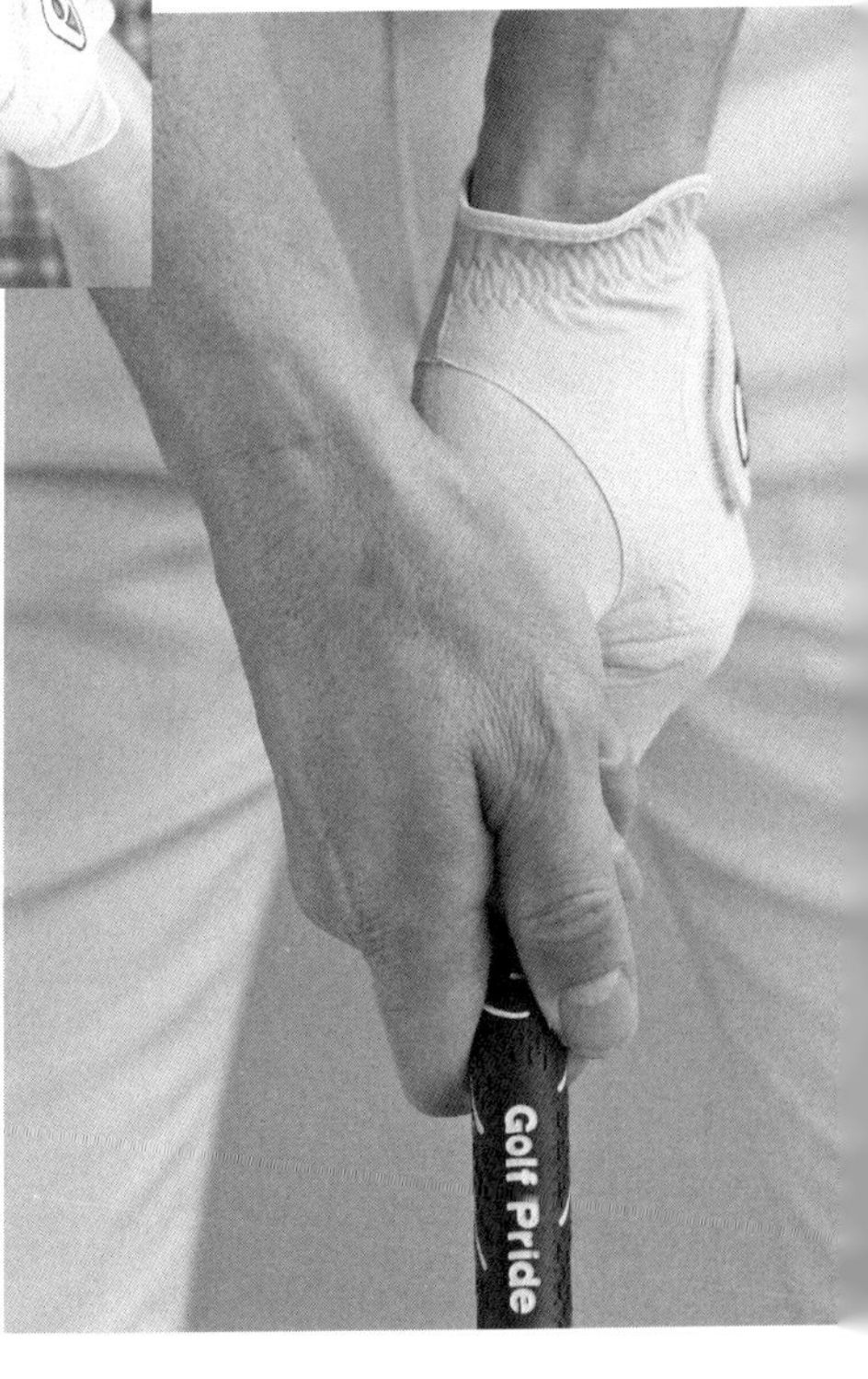

挟む③

両手のひらでグリップを
左右から挟む

両手がグリップをおおっている面積はごくごく小さい

グリップエンド側は左小指の根元一帯で挟み、先では親指のハラで支える状態を作りました。

それによって、クラブは手のひらを真横に近い角度で差し渡されることになります。クラブを手のひらに対して斜めに差し渡す方法を進めるレッスンもありますが、それとは何が違うでしょう。

グリップを両手でおおっている部分が短くなるのです。

それが、左右の手において重なっている部分が大きいこととともあいまって、一つの大きな機能を果たすことになります。

縦振りの動きを十分に引き出してくれるのです。

手のひらの中で斜めにグリップを差し渡したり、両手でおおっている部分を長くすると、それだけで縦振りの動きに対して大きな抵抗となってしまいます。

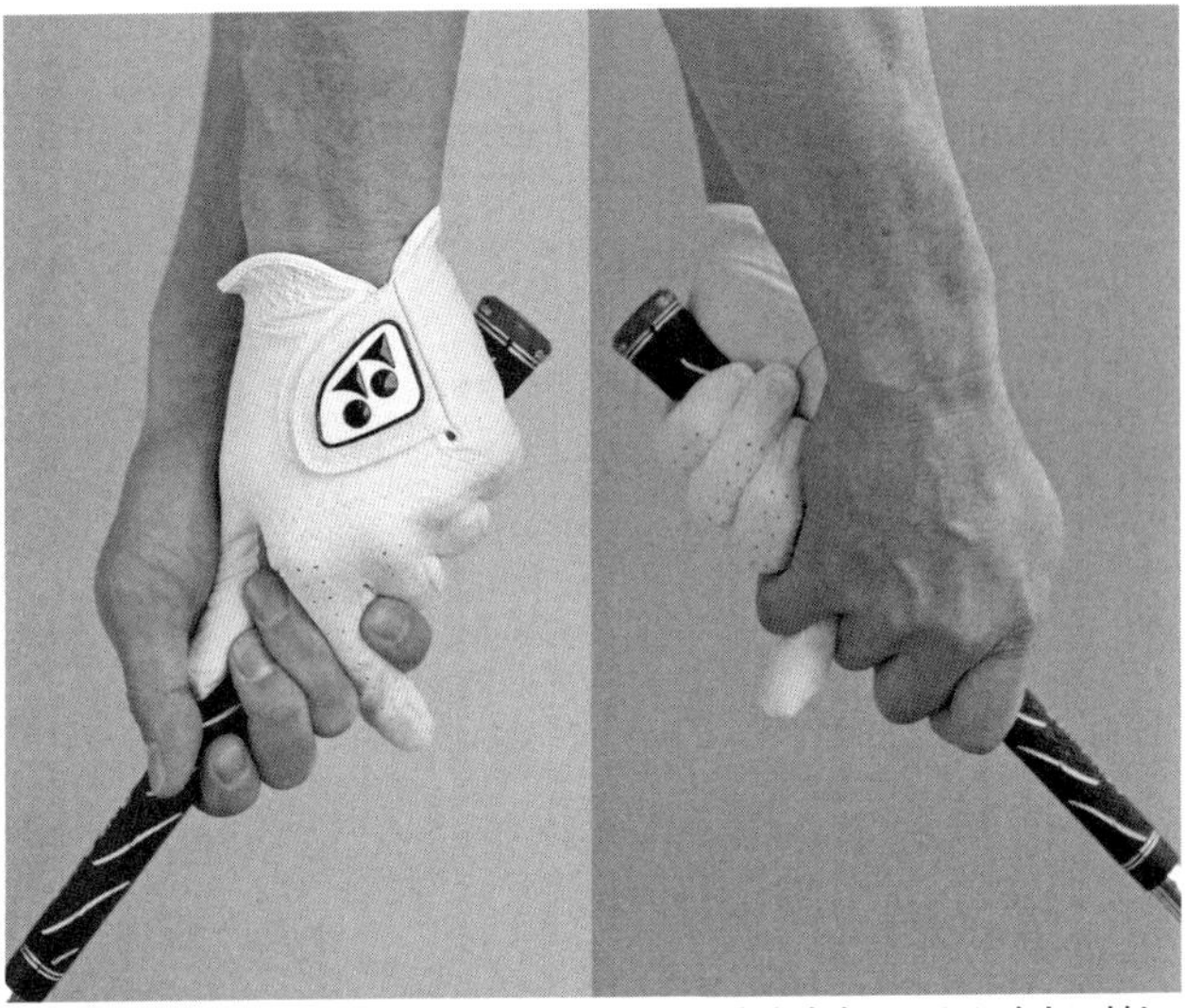

左右の手が重なっている部分が大きいことで、左右方向にはたらく力に対しては強く、上下方向には弱く(抵抗なく動かすことができる)なっている

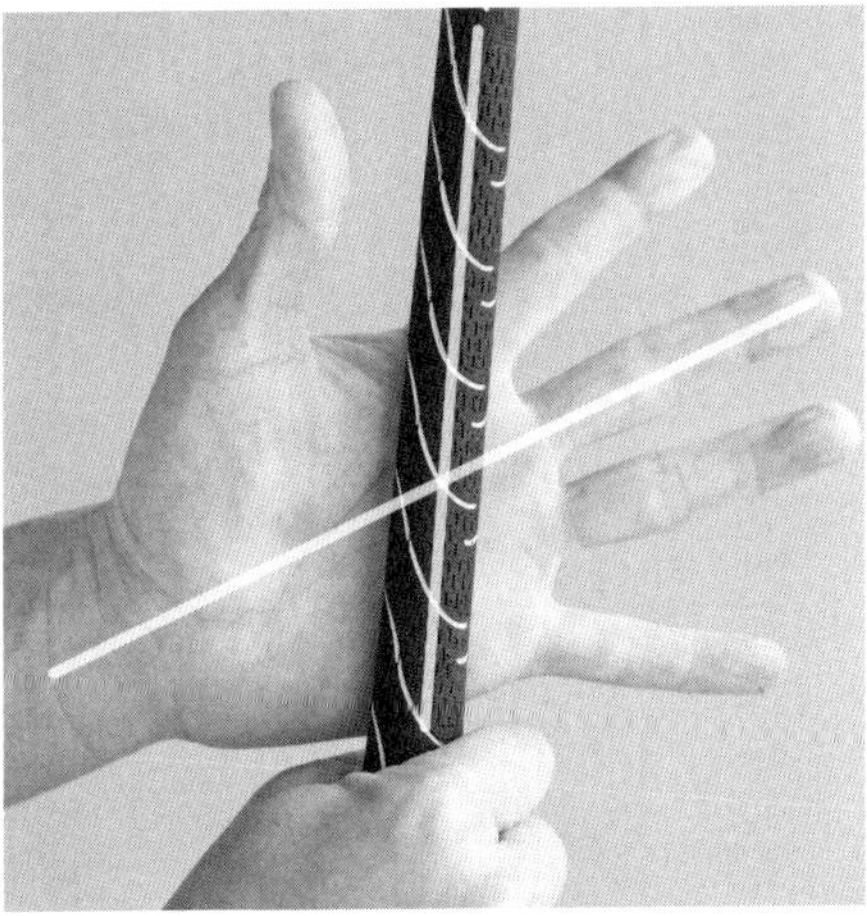

手のひらに対してのグリップの角度はあまり斜めにはならない

左手親指で押さえている点を支点にしてクラブを縦に動かす

スクエアグリップの形は完成しましたが、同時に大切なことは、その意味を理解することです。

指先で握らないことで腕をスムーズに使う準備が整い、左手親指を真っすぐにしたことで、フェースをスクエアにキープしたままクラブを縦に振る準備も整いました。

もう一つ大切なことは、その形でどうクラブを動かすのかということの理解です。

手首は縦に動かす、とここまですでに説明してきました。縦に動かす際に、どこを支点にするかをはっきりと意識することがとても大切です。

それは、**両手を重ねて挟んでいる箇所。つまり右手親指の付け根、左親指のハラと、右手薬指の付け根で挟んでいる部分**なのです。単純化するため左親指のハラで触れている部分という意識でいいでしょう。

この支点を、軸との距離を変えないようにしたままグリップエンド側を前方に押し込めばコックした状態、親指を前に押し込んだ状態はリリースした状態になります。

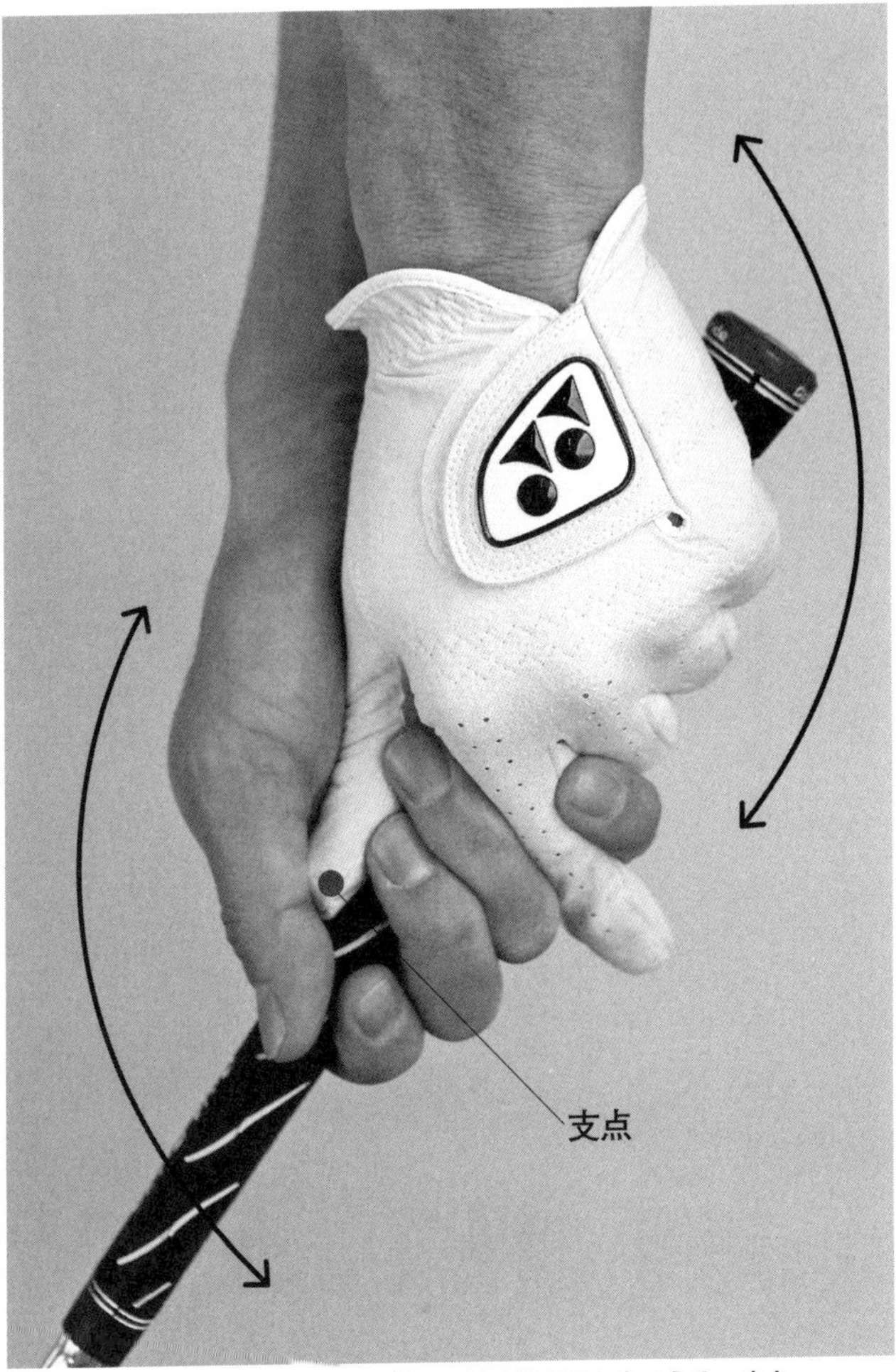

支点は左親指の下。右手親指の付け根の下ともいえる。また「支点を動かさずに」という意味は、カラダの軸から支点の距離を変えずにと言い換えると、スイング中にクラブヘッドの位置をコントロールすることができるようになる

左右の腕の長さが合ってバランスがとれ軸やスクエアを実感しやすい

このグリップを作ると、アドレスした状態で両腕がノーストレスで長さがそろいますから、不自然に右肩を下げて構える必要がなくなります。その結果、両脚の中での重心位置が極端に右に偏《かたよ》ることもなくなり、バランスがとれます。

スイングの軸もほぼ真っすぐイメージできるため、スクエアのフィーリングやインサイド・インで振るプレーンが無理なくイメージできるようになります。

イメージできるだけでなく、**スイングの動きによる負荷がどこかにだけ偏ってかかることもなくなるため、均整のとれたスイングを作る準備が整うのです。**

スイングをスタートする際に、この「どこにも偏りのない、ニュートラルなフィーリング」というものはとても大切です。これが確信できてこそ、心地よく振りにいけると言えるでしょう。このグリップと縦振りを追求したそもそもの目的は、実はこの点にあるのです。

グリップをスクエアにすることで、全身がニュートラルな状態を保ってアドレスが作れるようになる。スクエアを基準としたインサイド・インの軌道で、カラダにとって自然で、必要以上の負荷のない動きができる安心感ももてる

真っすぐで均衡のとれた状態から左右を同じだけ動かせば、軸は揺れない

軸が真っすぐで、左右のバランスがとれた状態でアドレスを作りました。グリップも左右の手の真ん中に「支点」をイメージして作れています。

ここから支点を中心に左手小指を前に押し込むと、そのぶんだけ右手親指は上向きに動いてきます。左右が反対方向に同じぶんだけ動いてトップを作るのです。

そこから支点を中心に左手小指を手前に引き込むと、そのぶんだけ右手親指は前に押し込む形になります。やはり左右が同じぶんだけ動いてインパクトになる。

腕の長さについては、バックスイングでは右腕が短くなり、左腕が長くなってもいます。それにより両肩がやはり同じぶんだけ動いてそれを作っているのです。

左右反対に動くと、結果として軸がキープされます。軸を揺らさないから、正確性を高めながら、より速く回転運動を行うこともできるのです。

軸自体は回さない意識でいい。つまり軸、あるいは胸は正面に向けたまま、肩や腕を大きく動かしてスイングを作ることができる。そのほうがボールを打つ作業自体を正確に行える感覚ももてるのである

両手の重なり面積を増やすのは互いの反応をよくするためでもある

両手の重なり部分が大きくなるということについては、一般的に「グリップを一体化する」と説明されています。そして通常「一体化」は「一緒に動かすため」と説明されているはずです。

でも、それは違うのです。ここまで説明してきたように、バックスイングのとき、ダウンスイングのときも右手と左手は反対に動いているのですから。

しかし**「グリップを一体化」することで、両手のひらの中で、「左手が動いたこと」を「右手が感じ」すぐに反応することができると感じます**。この反応にタイムラグがあると、速いスピードで動いているときには致命的な振り遅れにつながります。

スイングスピードが比較的ゆっくりならば、ある程度左右の手を離しても大丈夫です。また、左右の手を別々に使う感覚がまったくない場合は、左右の手を離してみるとつかめてきます（P134／ドリル1）。

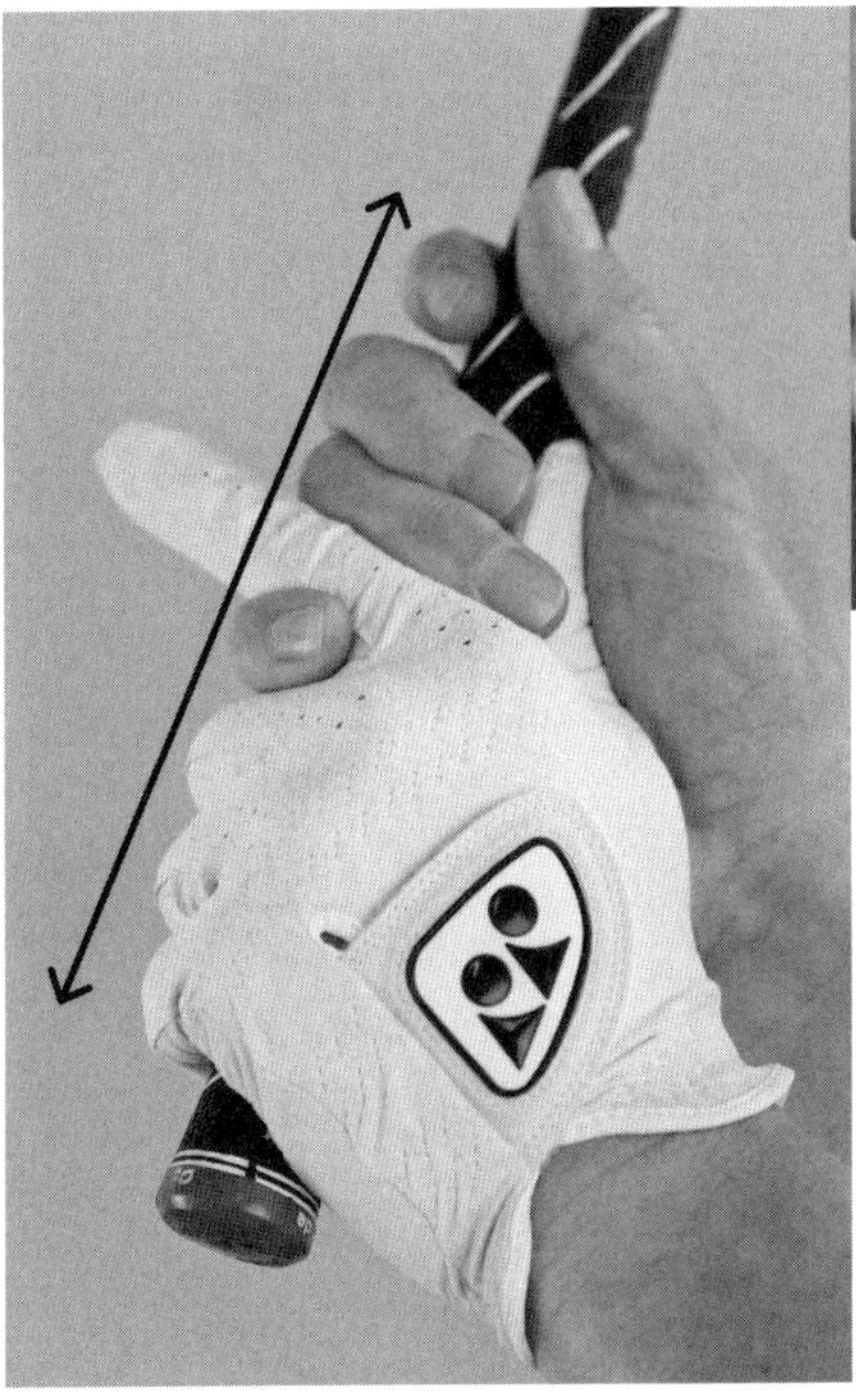

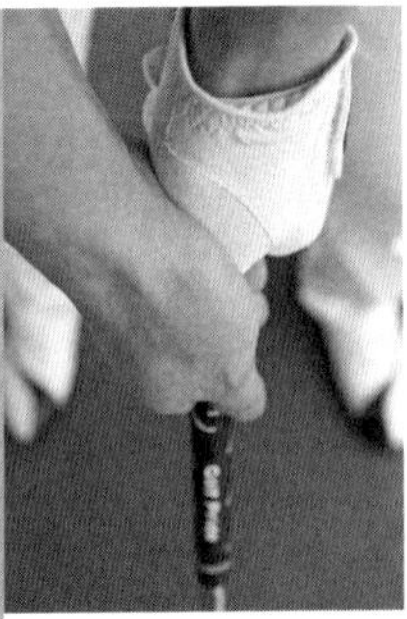

右手と左手を詰めてグリップするのは一体感を作るためだが、その一体感は左右の手を別々に使うためである。なお、詰めてグリップするにはインターロッキングがオススメだが、左人さし指は、無理に握ろうとせず、伸ばしたままでもいい。ほかの指も含め、指先に力が入ることを防いでくれる

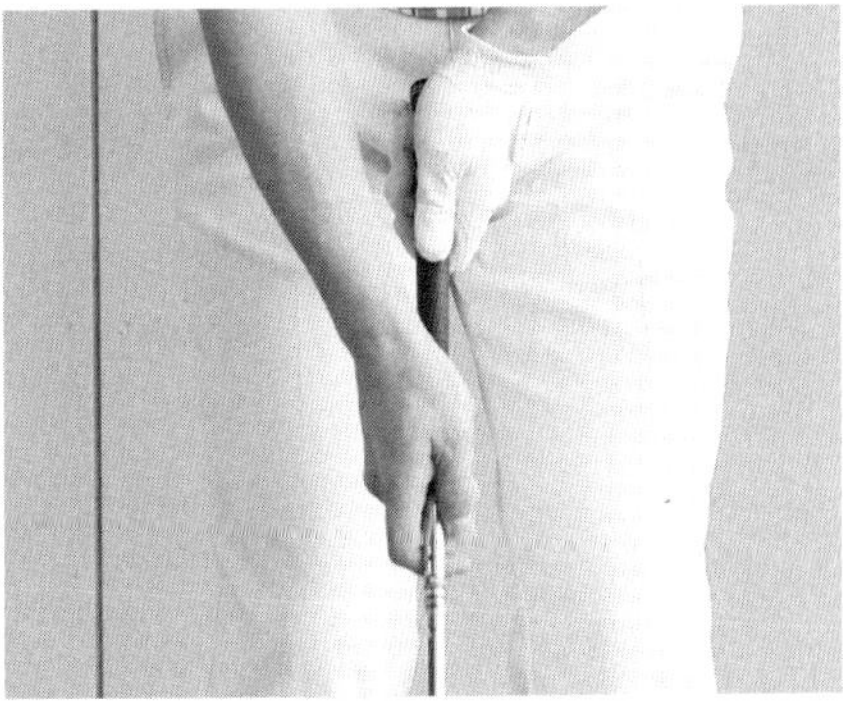

左右の手が別々の動きをすることをマスターできていないうちは、両手を離したほうが、「動きが違うのだ」ということを感じとりやすい

両手のひらは平行に合わせる?
かぶった左手に対し
右手は下から持つの?

左右対称という言葉がよく使われますが、左手をフックに握った場合“左右対称”がイメージさせる右手の持ち方は二通りあります。一つは、左手を左からかぶせたように、右手も右からかぶせる。つまり左右の手でハの字を作るようにする方法。もう一つは左右の手のひらを平行にする方法です。

ハの字では左腕を肩に対してロックしてしまっただけでなく、右肩もロックしてしまうため、腕の動きだけでなく体幹までも動きづらくしてしまいます。

手のひらを平行にする場合、右手は下からあてがう形になりますが、左手が短くなっているのに対し、右手がかなり遠くなる感覚になりませんか? その結果、右肩を下げることになり、アドレスでの重心位置がズレたり、軸が右に倒れやすくなってしまうのです。

第4章

スクエアグリップで真っすぐ飛ばすスイングを組み立てる

左右の高さの差はごくわずか。手を左脚の付け根の内側にセット

両腕は真横で垂らして、指先を少し低くする感じで、伸ばした状態でグリップします。こうすると少しなで肩になり、腕が長く使えます。このまま肩が前に出ない状態でグリップをし、グリップエンドを軽く下げながら前傾します。**両腕の長さがほぼそろっているので、上半身の右への傾きはほんの少し**です。上半身が右に傾いたのと同じ理由（左右の手のグリップする高さの違い）で、手の位置は左脚の付け根内側の前に来ます。

すべてのアイアンでボールは手の真下に置きます。ボールのうしろにヘッドをセットするとちょうどいいハンドファーストになります。スタンスの真ん中まで右にズラすとウエッジ。シャツの左胸のマークの前あたりがドライバーのボール位置です。

スクエアグリップだと左手首の真上の高さが右手とそろう（フックグリップだと左手首は低くなる）ため、両方を結んだラインでもスクエアを感じることができ、テークバックしやすくなります。

スクエアグリップにすると左右の前腕の高さがそろうため、飛球線と平行な動きをイメージしやすくなる

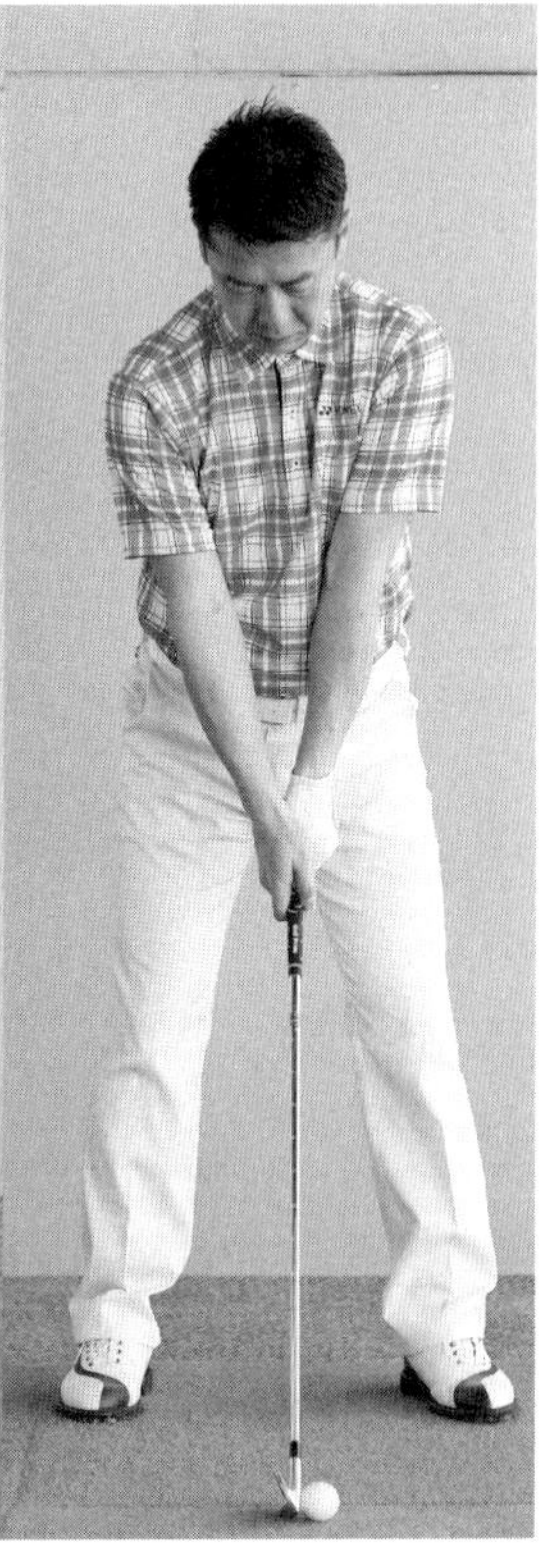

腕の長さがそろい、左右の肩の高さの違いや背骨の右への傾きはごくわずか。軸が真っすぐと感じられるためスイングプレーンをニュートラルにイメージしやすく、動きやすくなる

グリップエンドを自分から離すと左肩が出てクラブが上がっていく

バックスイングの動きは、左手親指の位置を右手で挟んで動かさないようにしておいて、**グリップエンドをカラダから左斜め前の方向へ離していきます。その結果、ヘッドが右上に動きます（ワッグルはこの動きです）**。左手のひらの側面をグリップに乗せて構えましたが、そのままこの側面で押していけばいいのです。

それだけで、いくつかの部分が動き出します。まず、**左肩が前に出ます。同時に手首が縦に折れて（親指側に）クラブが上がっていきます**。

グリップエンドが支点を挟んで遠ざかるため、グリップ先端側が持ち上がり、右手が肩の方向へ押されます。それによって右手は短くなっていきます。

ここまで、両手がグリップの上に乗っている感覚をもってください。

感覚的には、胸（または軸）はずっと正面を向いたまま。左肩甲骨を前に引き出し、肩の先を前に出していく。その動きが左手親指の支点で折り返されて、右手が手前に押し返され、右肩がうしろに入っていきます。

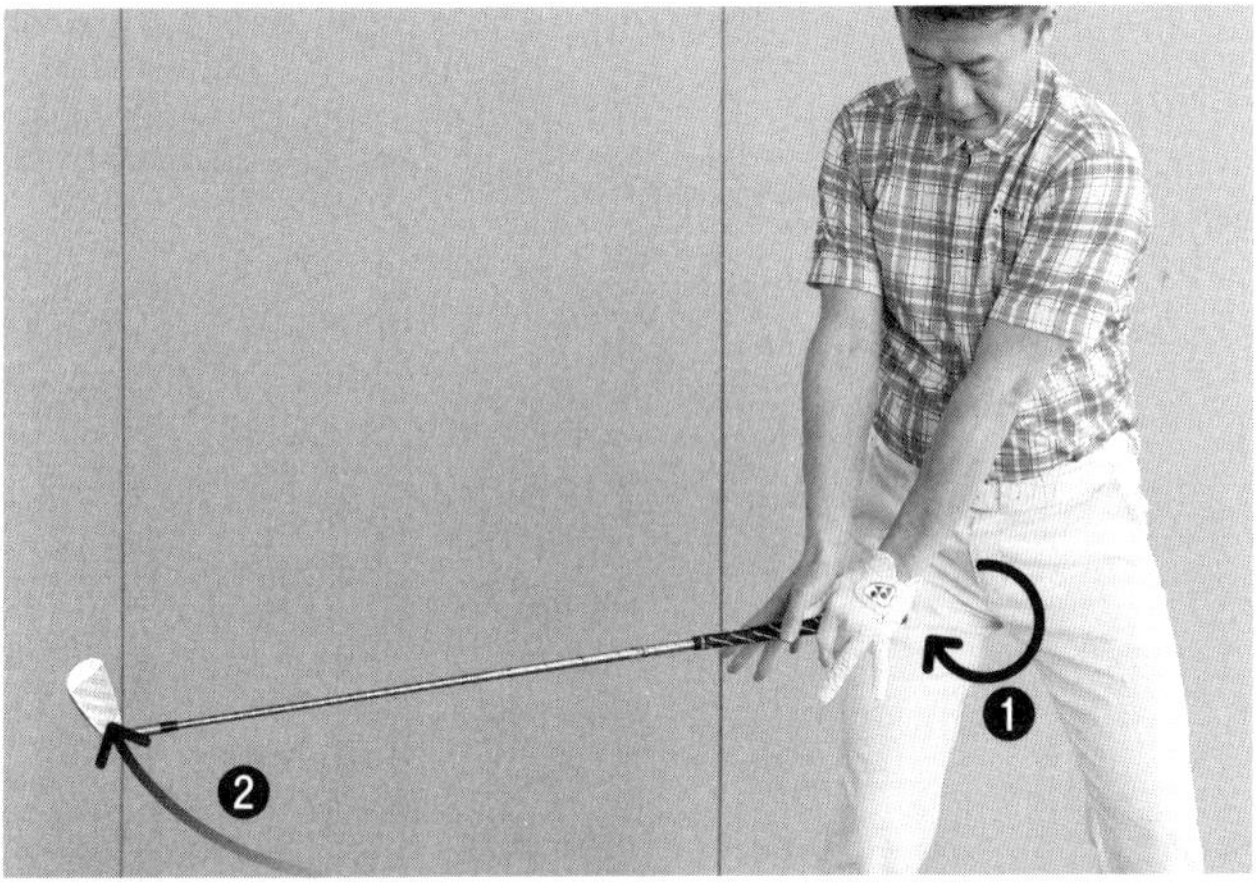

❶グリップエンドをはじめは左斜め下に向かって押し出すと　❷ヘッドは右に上がっていく

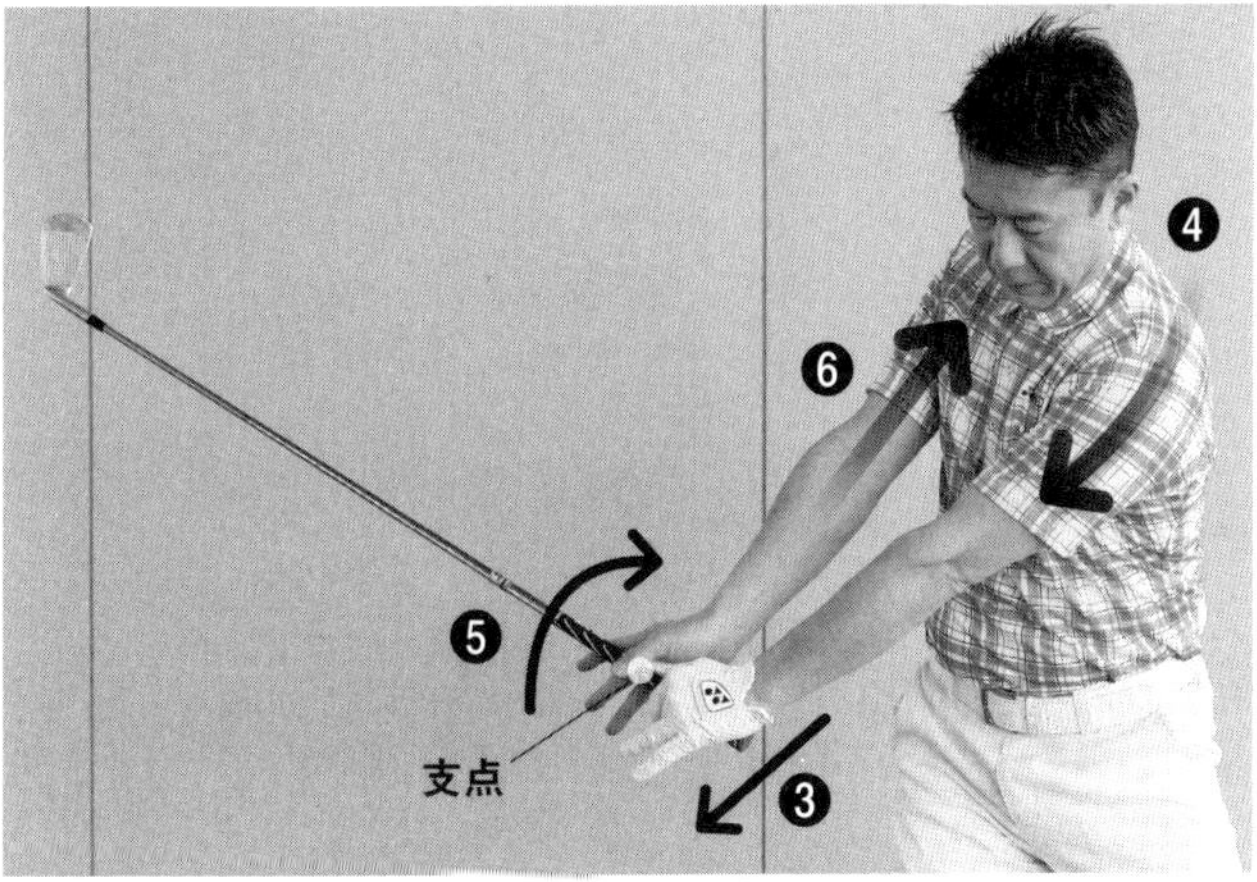

❸クラブが動くため　❶の動きがそのまま左斜め前に押す動きに変わり　❹左肩が前に出て左腕が長くなり　❺手首が縦に折れてクラブが上がると同時に　❻右腕が短くなり右肩が背後に隠れるように動く

ドリル1

スプリットグリップ

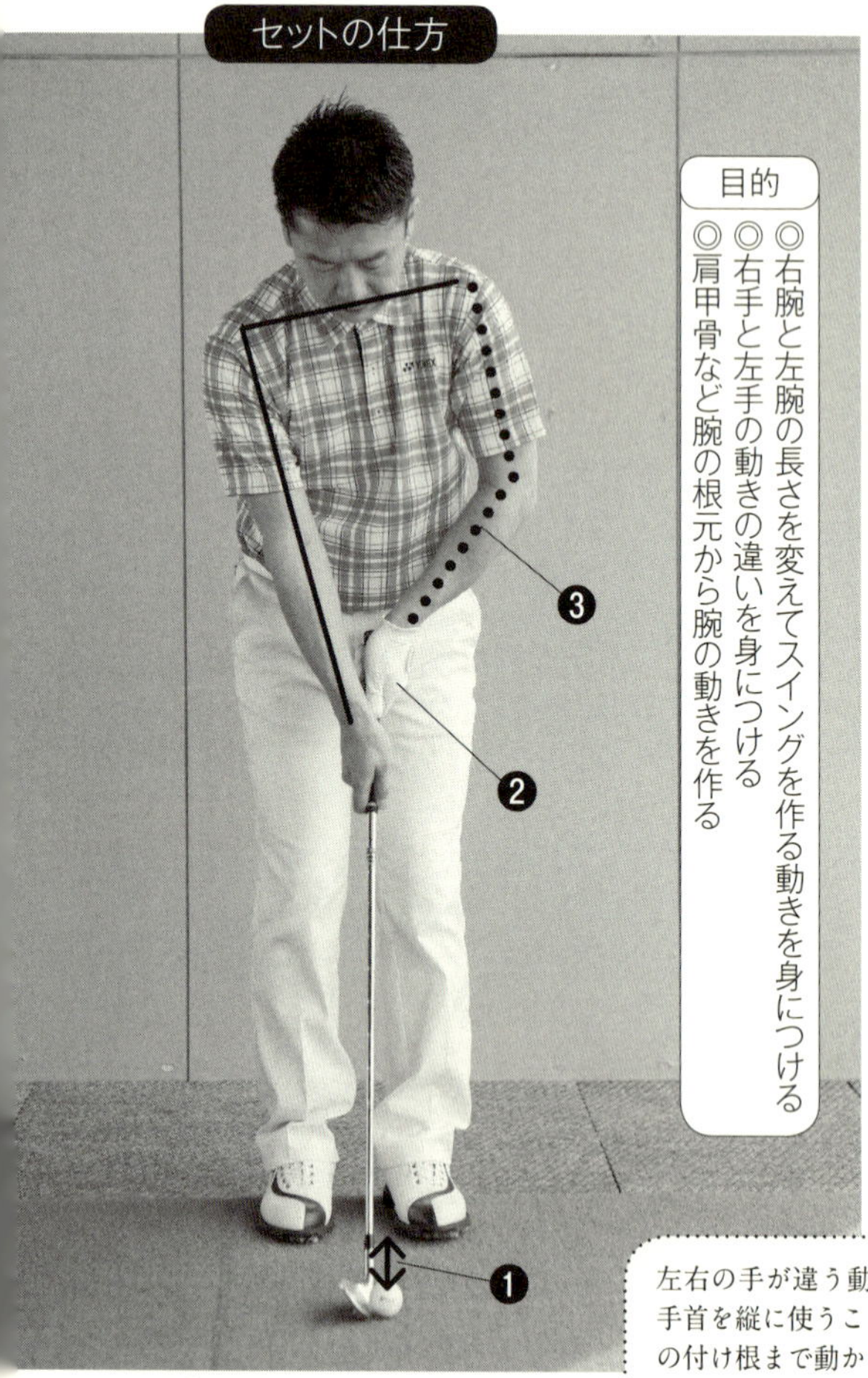

目的
◎右腕と左腕の長さを変えてスイングを作る動きを身につける
◎右手と左手の動きの違いを身につける
◎肩甲骨など腕の根元から腕の動きを作る

❶右手でグリップの先端を持つため、ボールとの間隔は近くする　❷左手は通常と同じ位置で、スクエアにグリップする　❸左肩は通常の位置と同じにする。そのため、左ヒジを外に曲げる

左右の手が違う動きをすること、手首を縦に使うことを引き金に腕の付け根まで動かして、腕を長くしたり短くしたりすることでクラブの上げ下ろしを行なう。とくに左肩甲骨を使ってグリップエンドをカラダに近づけてインパクトに導く感覚が学べる。これで20〜30ヤード真っすぐ飛ばせれば合格。

動き方

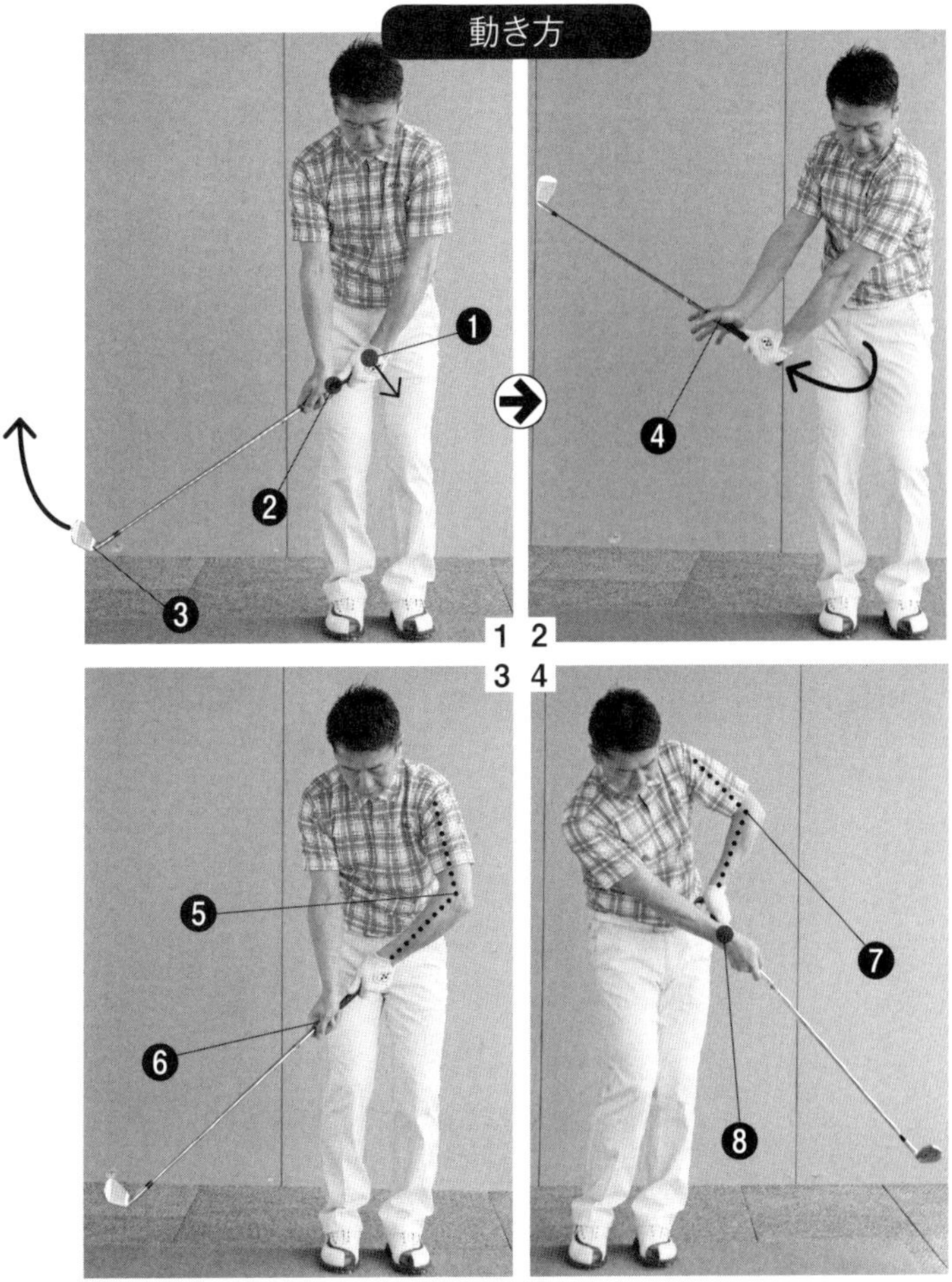

❶グリップエンドを左下へ押す ❷両手のあいだが支点になる ❸グリップエンドとヘッドは逆に動くことを確認 ❹右手は手のひらをシャフトの上に乗せる感覚 ❺左ヒジを曲げ、左腕を短くすることで振り下ろす ❻右手は上から乗せているまま。右手で振るのではない ❼肩甲骨まで使って"左腕を短くして"インパクトする ❽左右の手のあいだにある支点がスイングの中心（軸）から距離を変えていないことを確認する

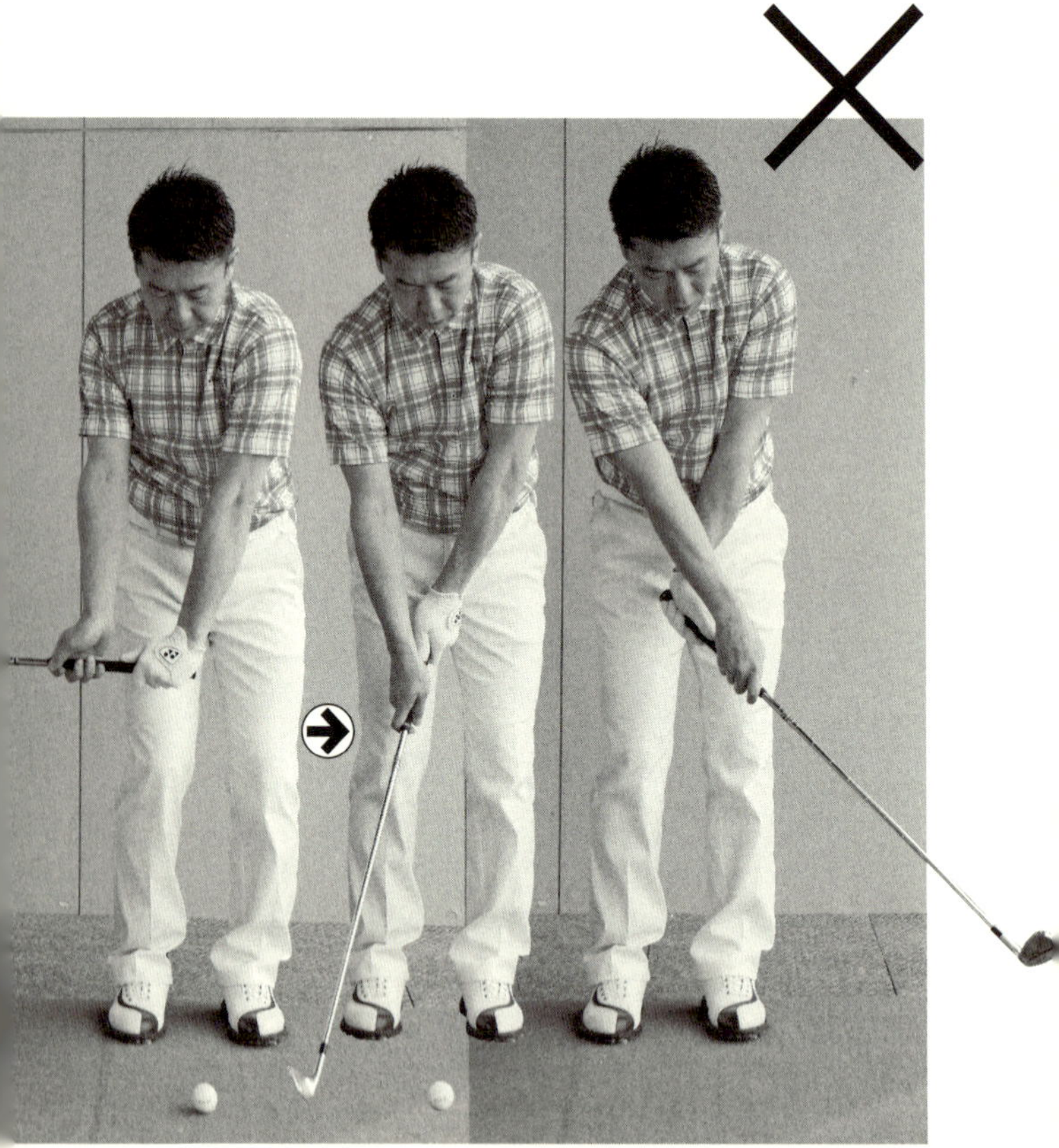

フックグリップで横振りをするイメージだと、左右の腕を同じ方向に振るだけ。左腕の長さが変わらないため、ヘッドがカラダを追い越せないし、地面にも届かなくなる。そのためグリップエンド側を減速させたり、右肩を前に出すなどの動作で補おうとしてしまう。

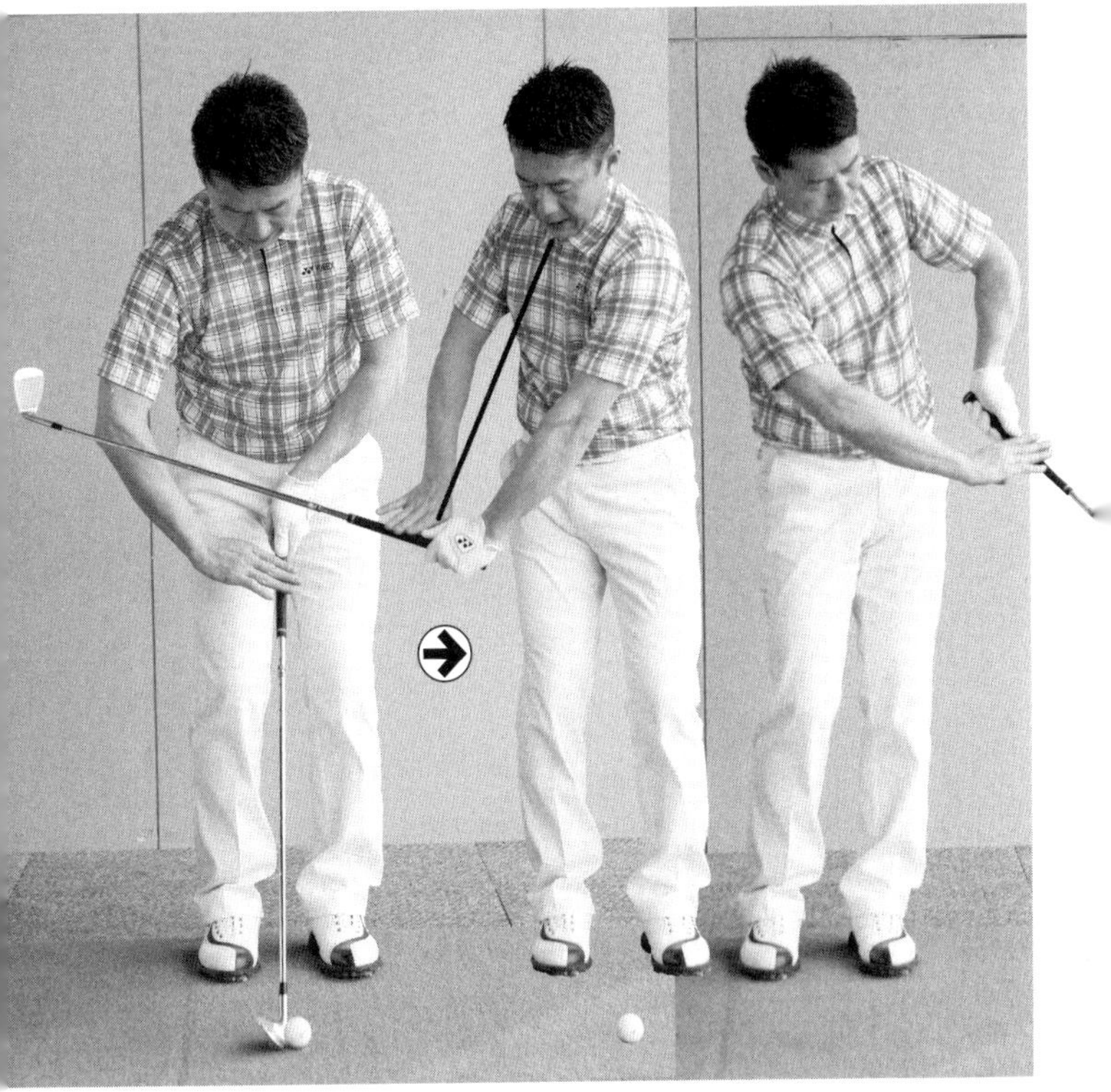

両手のあいだにある「支点」とスイングの中心（軸）との距離を変えないようにする意識をもつ。右腕は上から軽くクラブを押さえ、その形状を変えないようにしてその距離を感じるセンサーとしてはたらかせればボールは打てる。右腕でクラブを操作するわけではない

「右を向いた肩」の状態になったら〝肩を回す〟準備が整う

ちょっと意味がわからない表現の見出しになってしまいました。

グリップエンドを自分から離すことでバックスイングを始めると、左肩がどんどん前に出てきます。これ以上、肩甲骨は前にズレて来ない、という位置まで出てきたら、そこで確認してください。イメージとしての**「両肩を結ぶライン」よりも肩の先端はずっと前に出てきている**と思います。このときの肩の先端の位置をその場にとどめて、全身をニュートラルな位置関係を作ろうとするとどうなるでしょう。自分自身がその場で90度近く右を向いて立っている状態になったのではないですか？　それが「右を向いた肩」です。

もう一度アドレスをして、この肩の状態を作ってみてください。今度はカラダの正面の、この肩に触れるところに時計の文字盤があるとイメージします。左肩の先端がその中心。左腕は時計の針です。**この時計の針が上がっていくように、左肩が回ります**（140ページ写真）。左腕は同時に根元から手のひら側に回る（時計回り）ことで、上がってきたプレーンの延長にさらにクラブを上げていきます（141ページ写真）。

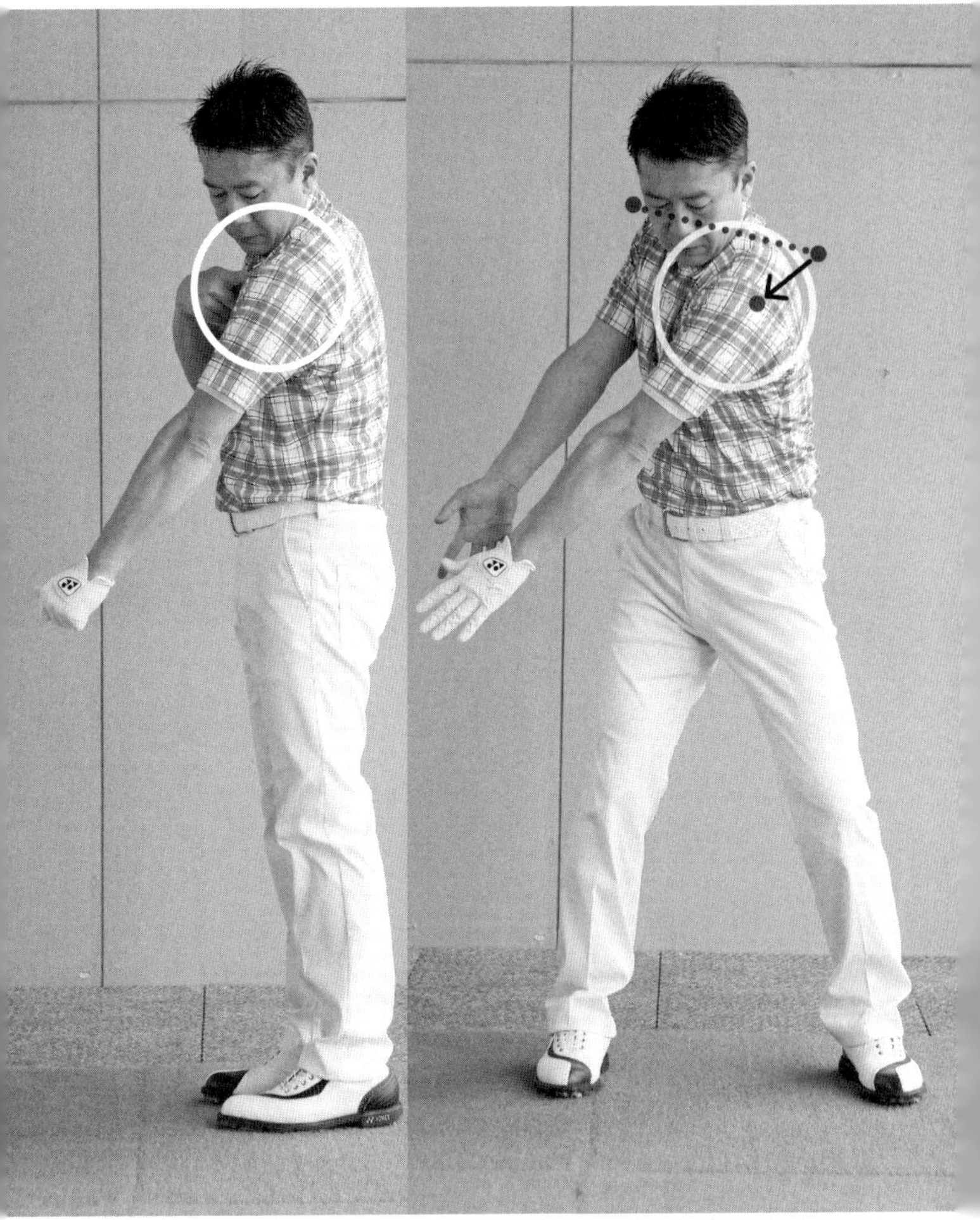

グリップエンドをカラダから離していくと右肩が前に出る。このときの肩の状態は、右を向いて立っているとき（写真左）と同じ。腕が付け根からニュートラルな状態を保てるため、ここから先の腕の動きがストレスフリーになる

前に出た肩の先端から伸びている左腕を、肩のかたまりごと回すようにして腕を上げていく。腕だけを上げるのではなく、腕の付け根＝肩ごと回すことがカギ

ハーフウェイバックまでは左親指は真っすぐ上げる感覚で動かせる。だがそこまで上がってきたヘッドの軌道、手の軌道上をさらに上げていくには、ここから先、親指を少し背後に向ける必要がある。それが左腕をねじる動き

ずっと肩の上に手が「乗っている状態」で上げていく

「右を向いた肩」になるまで左肩を出していかないと、腕の付け根が詰まってしまうため、ハーフウェイバック以上に腕とクラブを上げていくことができなくなります。

腕だけでクラブを上に向かって動かすことはできるのですが、下半身から体幹を経てつながっている全身の連動でクラブを上げていくことができなくなるという意味です。同時に、そこまで上げてきた腕、ヘッドの軌道とは別のラインで上げざるを得ません。

「右を向いた肩」の状態で、〝左肩を回す〟動きを作ったならば、腕とヘッドの軌道はその前もそのあともスムーズにつながります。

それを確かめる感覚として、「手が肩に乗った状態」があります。これは、バックスイングのどのタイミングでも、その形でクラブを離し、手のひらを開いた状態にした場合、誰かに**手のひらをカラダに向かって押してもらっても、その力を肩でしっかり受け止められる**という感覚です。「手が肩に乗っていない」と押された力を受け止められず、ヒジが抜けてしまうでしょう。

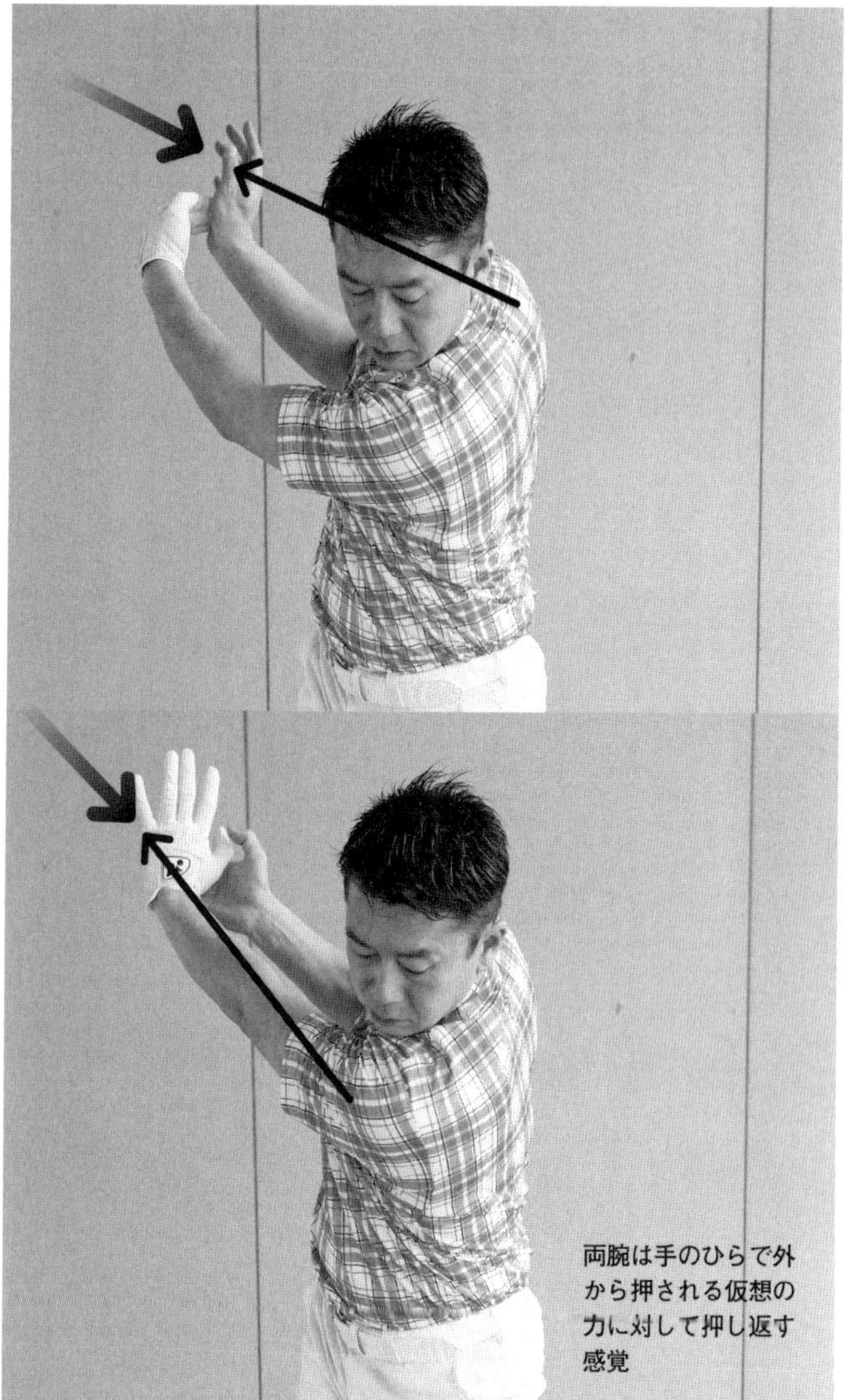

両腕は手のひらで外から押される仮想の力に対して押し返す感覚

ドリル2

右手乗せドリル

目的

◎左肩の動きに対応して右肩は逆に動く感覚を身につける
◎左右が違う動きであっても運動の量を合わせてバランスをとることを確かめる
◎肩が手の上にしっかりと乗っている状態を続ける

セットの仕方

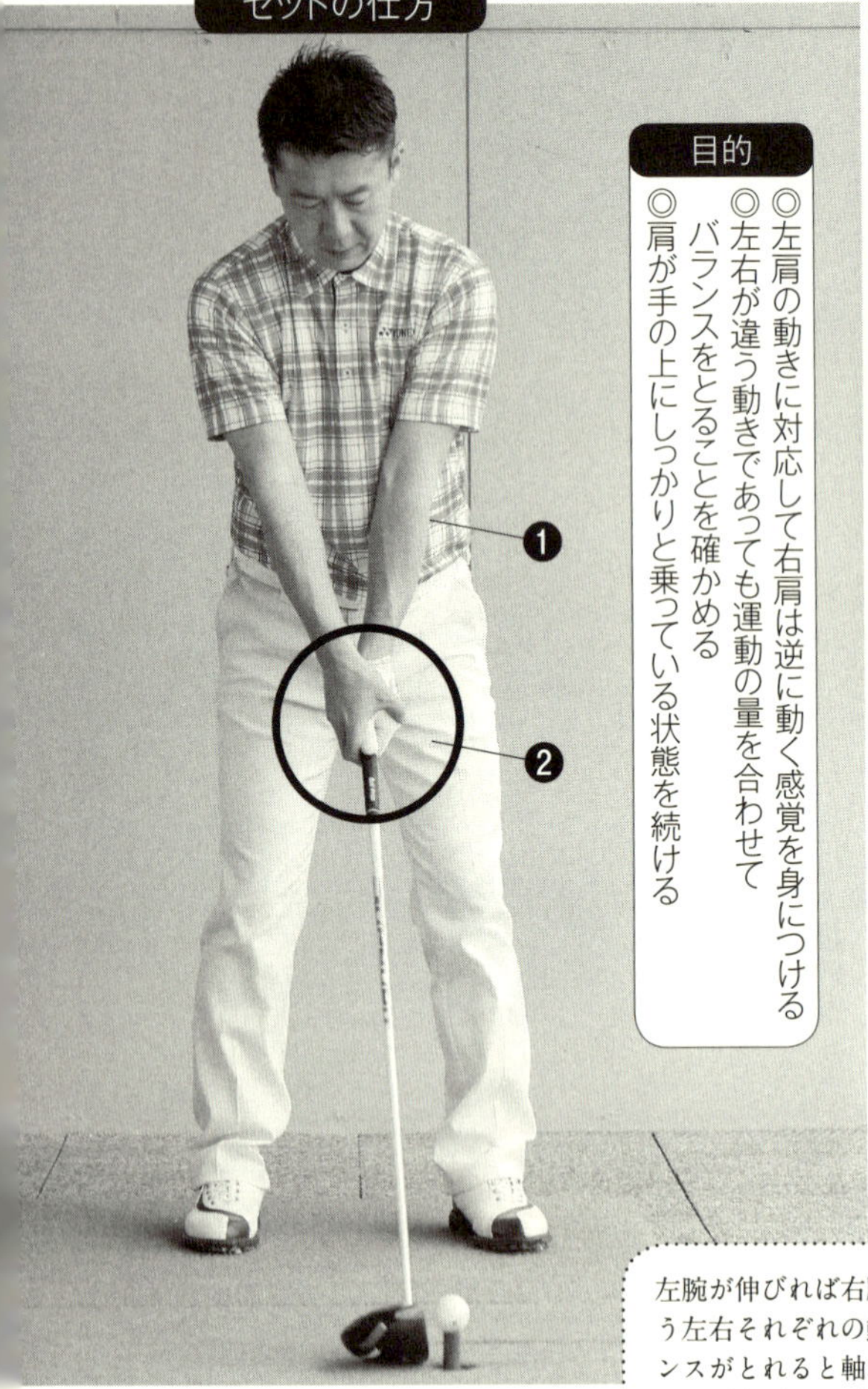

❶ドライバーをティアップして、30〜50ヤード打つイメージで構える　❷左手をグリップしたら右手を左手首の上に軽くかぶせるように乗せる

左腕が伸びれば右腕が縮む、という左右それぞれの動きの量のバランスがとれると軸が安定する。スイング中ずっと肩が手の上に乗っている（手から押されている力に対して押し返しているイメージ）ように。この感覚をもって50ヤード打てれば合格。

動き方

❶左腕を伸ばしながらバックスイングし、右ワキの締まりと右肩が回されることを感じる　❷バックスイングとは逆に、右肩が前に出て、左肩を押すイメージでダウンスイング。左ワキの締まりを感じる

ずっと左手親指と小指の付け根にグリップを引っかけた状態で振る

グリップは3つの「挟む」でクラブを支えましたが、アドレスすると感覚的にはグリップが指の付け根に乗っている状態です。

バックスイングを始めると、左手のひらの側面でグリップエンドを押し込んだので、手はグリップの上に乗る感覚に変わります。その手の上に肩が乗っている感覚もあります。

ハーフウェイバックを過ぎると、感覚的には下半身はすでに切り返しの動きをはじめますが、上半身では〝左肩が回る〟ことでさらに腕とクラブが上がっていきます。上半身と下半身が逆向きに動きだすとき（切り返し）に通常は「捻転差」という言葉が使われますが、その瞬間的な負担は手のひらの中にもかかってきます。

それによってグリップエンドは左小指の付け根を外に押し出し、グリップの先端側は左親指のハラに重さを乗せてきます。的確にスクエアグリップが作れていれば、この負荷は、**小指の付け根と側面で挟んだグリップエンド側の上下2点と左親指のハラと右薬指の根元で挟んだ2点、計4点だけで〝引っかけている〟感覚だけで支えきれてしまいます。**

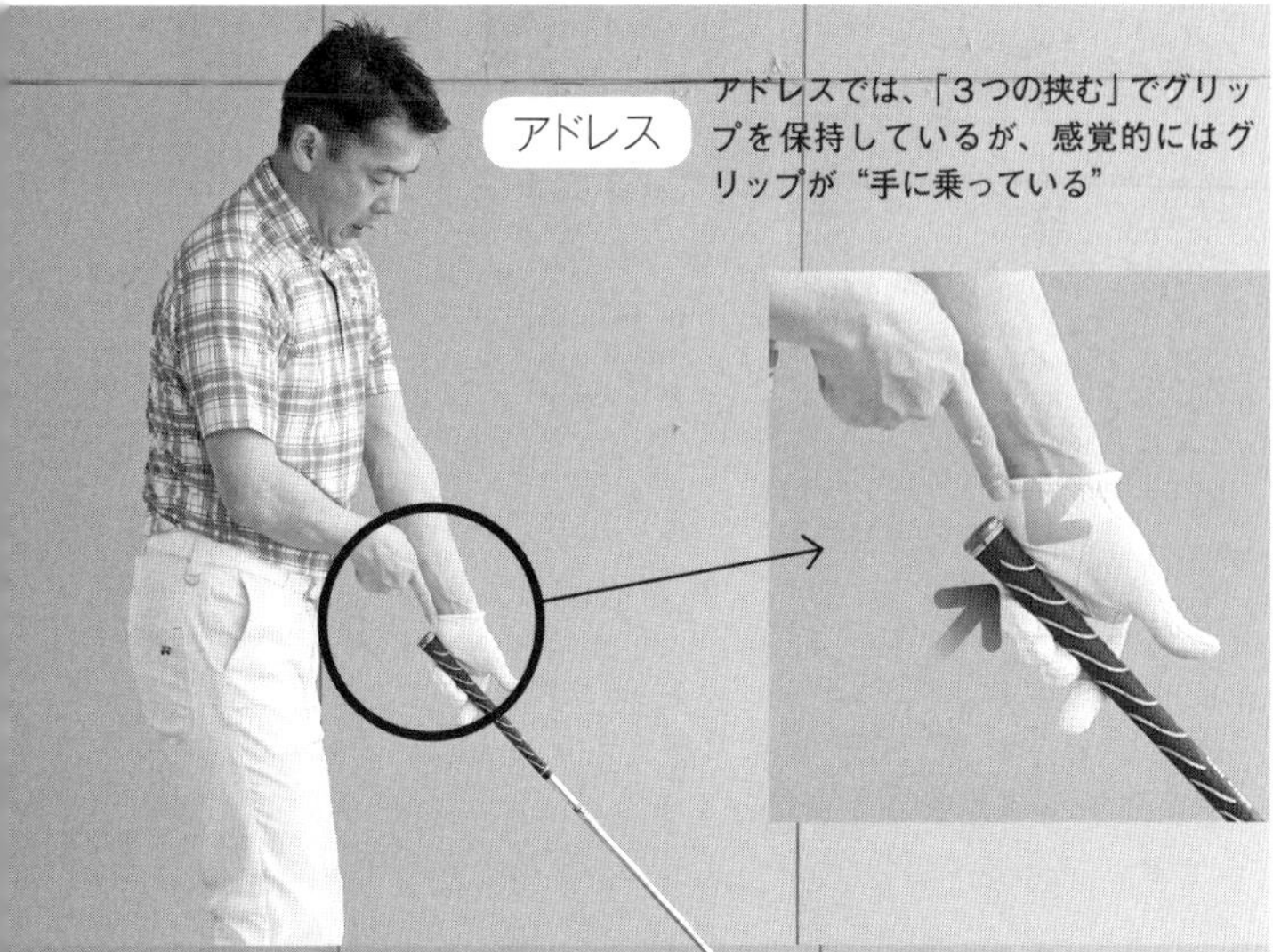

アドレスでは、「3つの挟む」でグリップを保持しているが、感覚的にはグリップが“手に乗っている”

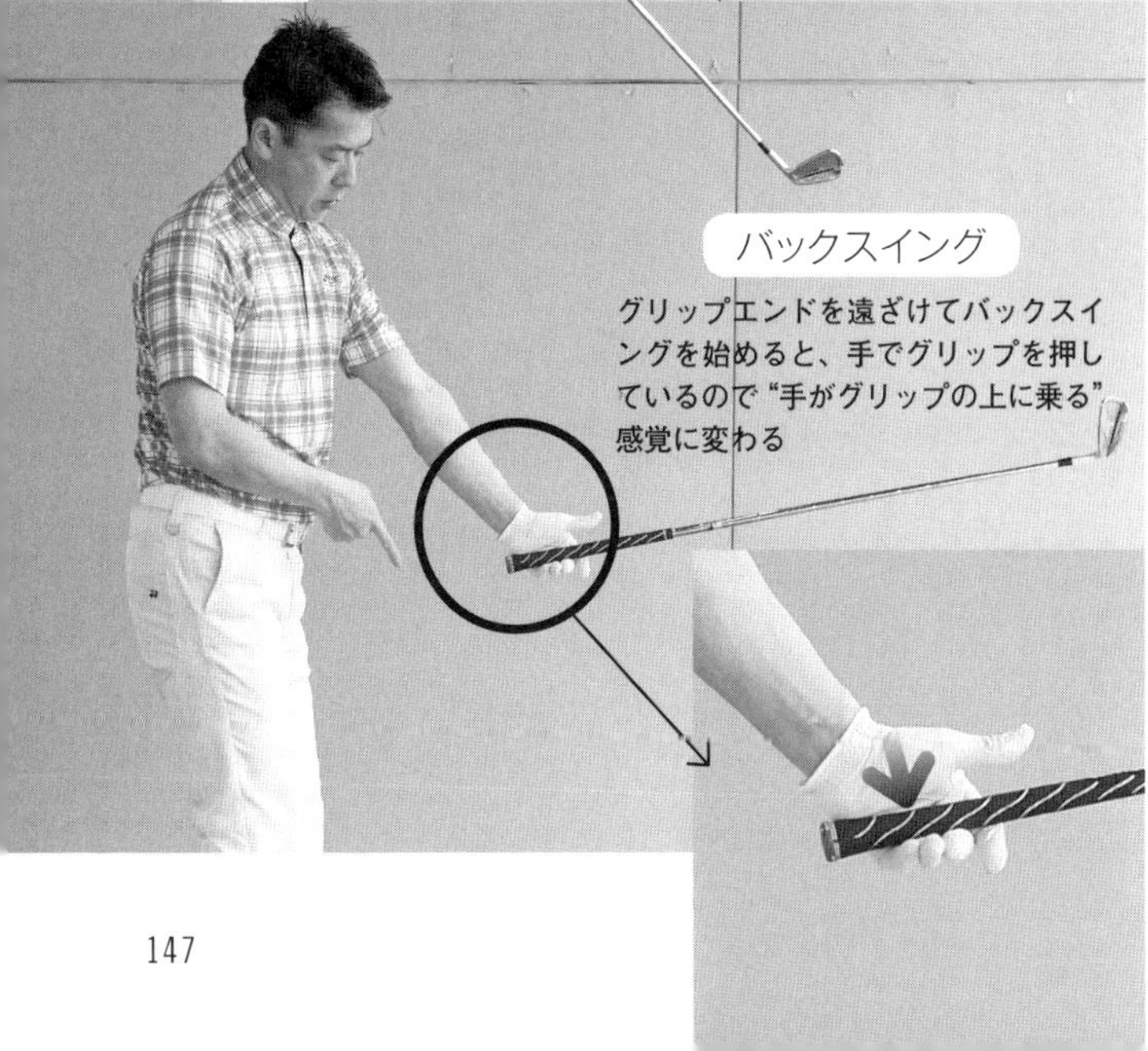

グリップエンドを遠ざけてバックスイングを始めると、手でグリップを押しているので“手がグリップの上に乗る”感覚に変わる

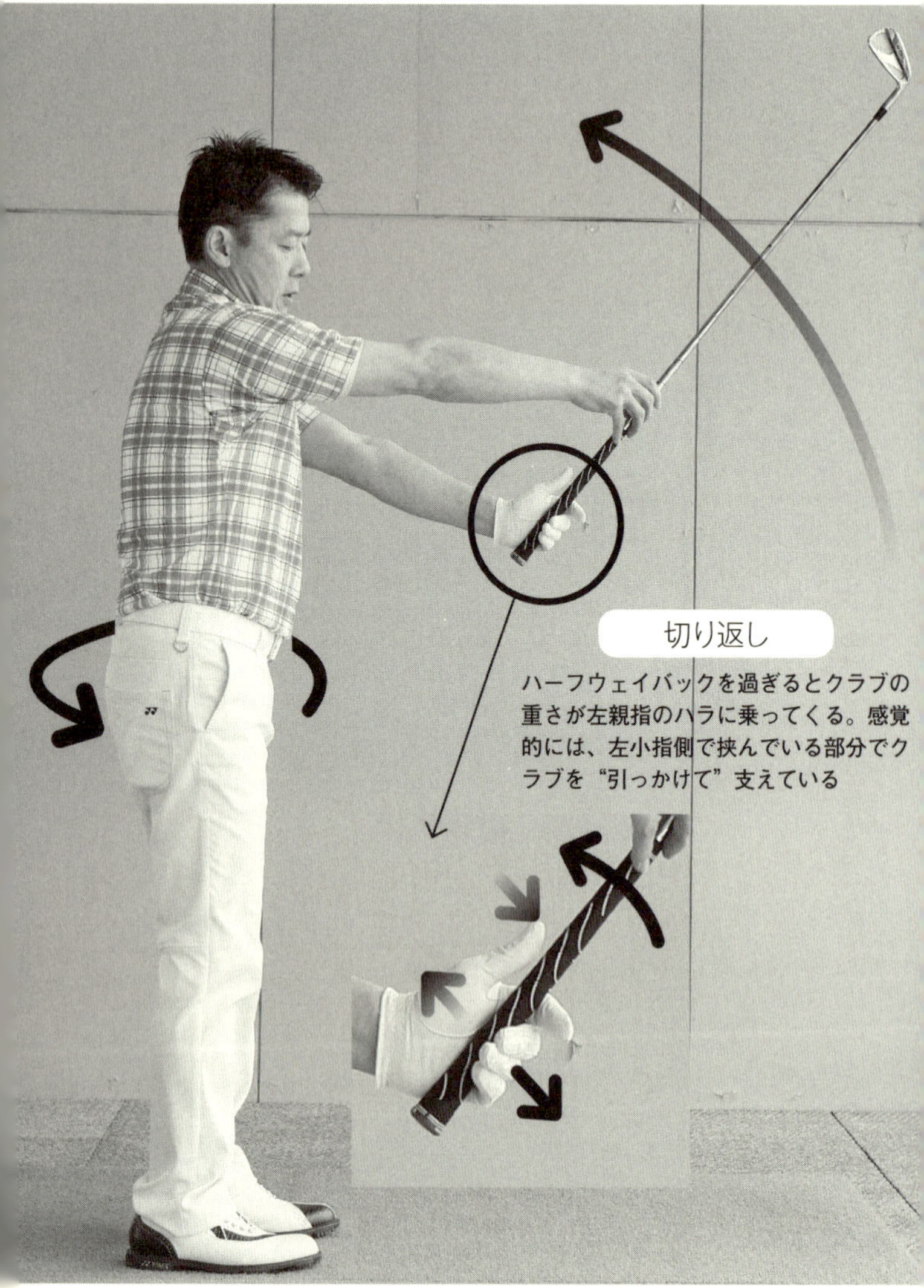
切り返し
ハーフウェイバックを過ぎるとクラブの重さが左親指のハラに乗ってくる。感覚的には、左小指側で挟んでいる部分でクラブを“引っかけて”支えている

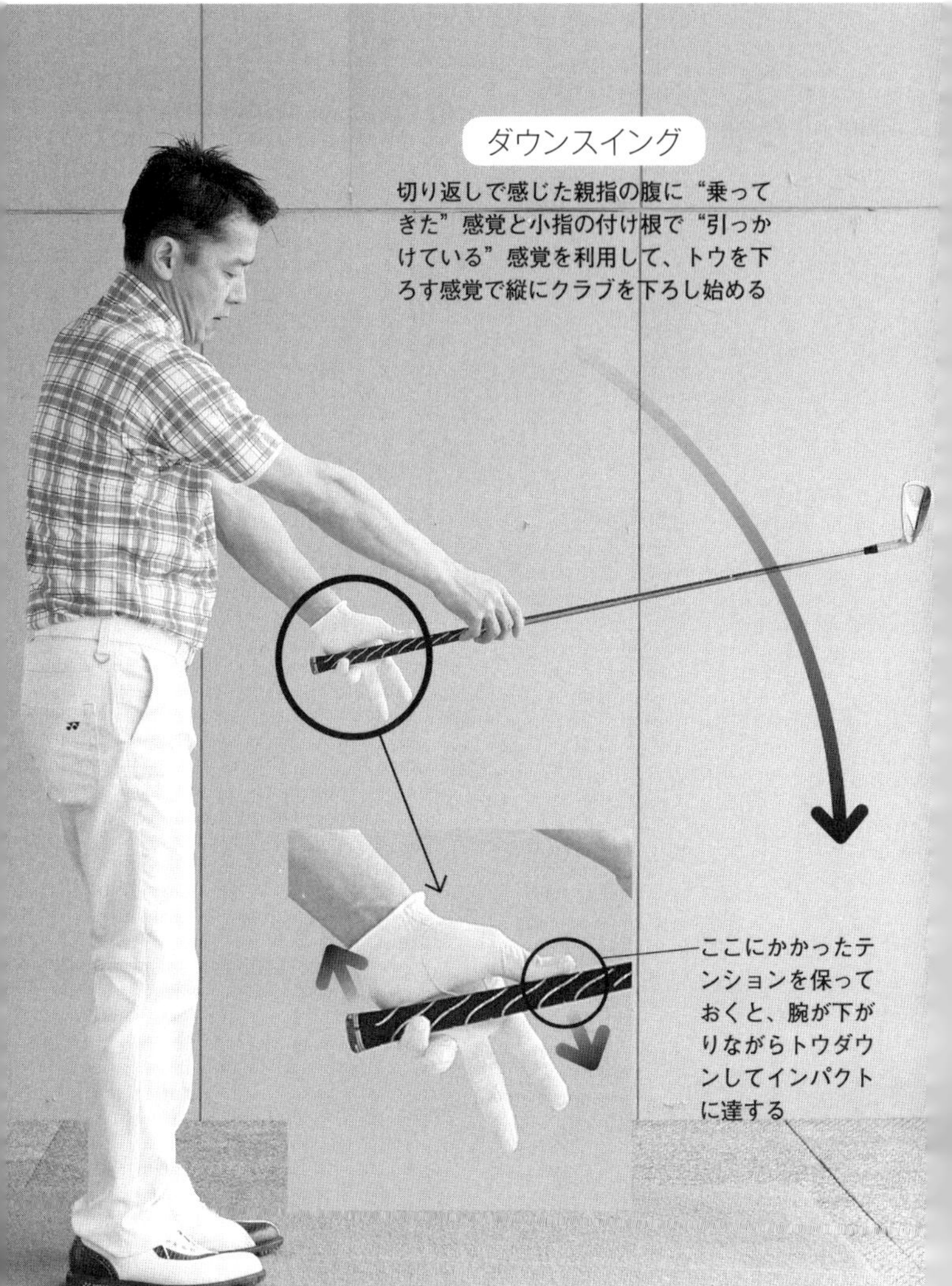
ダウンスイング
切り返しで感じた親指の腹に"乗ってきた"感覚と小指の付け根で"引っかけている"感覚を利用して、トウを下ろす感覚で縦にクラブを下ろし始める
ここにかかったテンションを保っておくと、腕が下がりながらトウダウンしてインパクトに達する

ドリル 3

左手一本での3段階縦振り

目的

◎手首を縦に使う感覚を学ぶ
◎肩やグリップエンドではなく、グリップの中に支点を作る感覚を身につける
◎バックスイングの方向に沿って左肩が動くことをつかむ
◎インパクトに向かって肩の付け根から動く感覚を身につける

セットの仕方

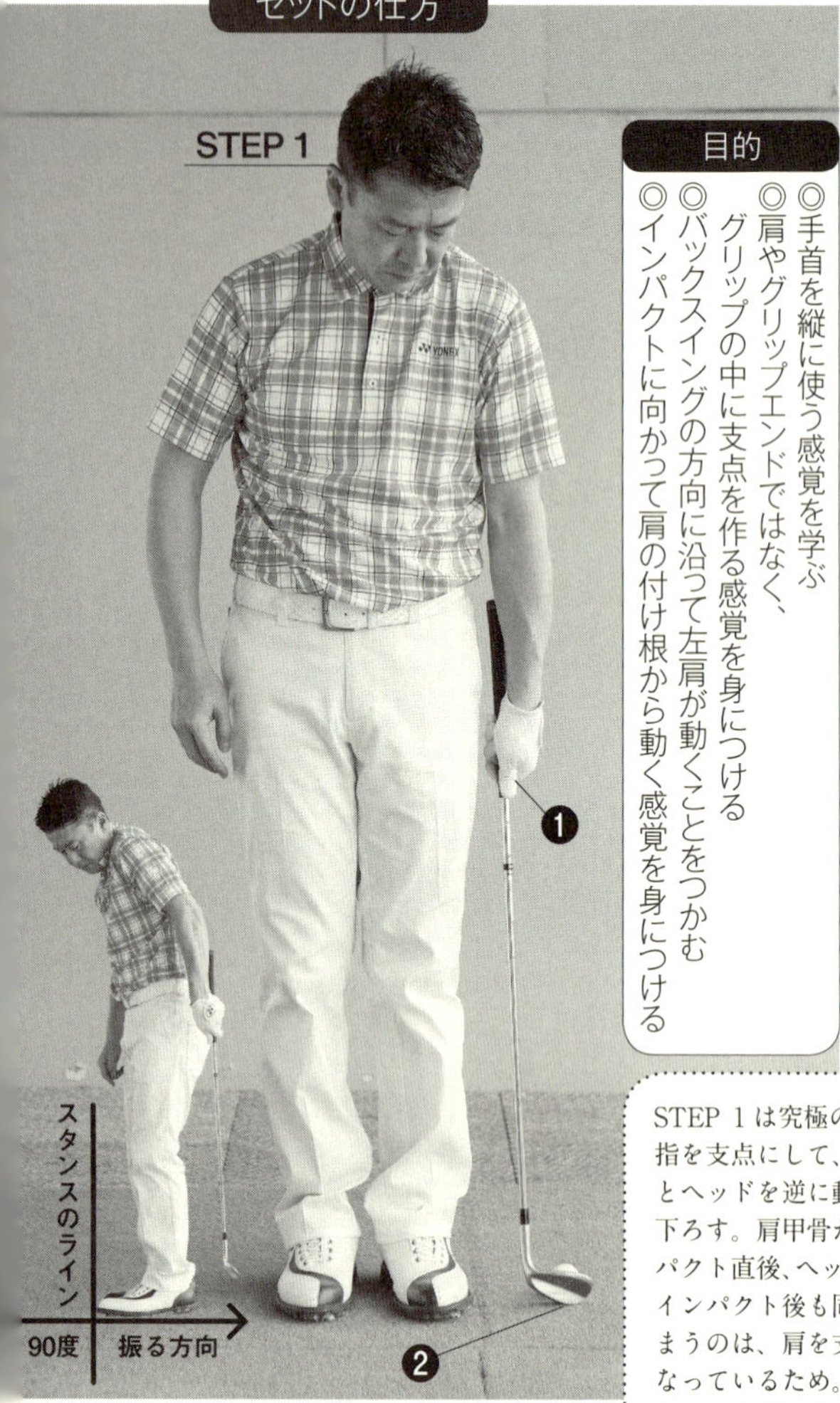

❶親指を真っすぐ下に向けてグリップ
❷シャフトは垂直に立てる。トウがマットにつく位置にボールを置く

STEP 1は究極の縦振り。左手親指を支点にして、グリップエンドとヘッドを逆に動かしてクラブを下ろす。肩甲骨が動くため、インパクト直後、ヘッドと腕は止まる。インパクト後も同様に振られてしまうのは、肩を支点にした動きになっているため。グリップエンドとヘッドが同じ方向に動いているので、縦に振ってはいるが横振りになっていると言える。

STEP 2

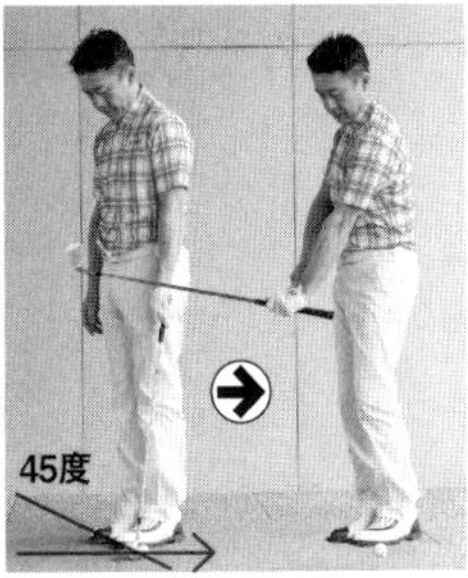

構える角度を、飛球線（＝クラブを振るライン：クラブは直線的に振っている）に対して45度にして同じことを行なう。斜めに振ると、肩が自然にバックスイングの動きをすることを確かめる

STEP 3

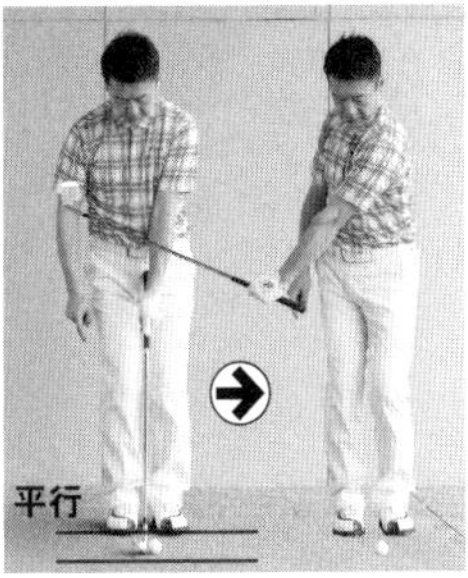

飛球線に正対して構え、カラダの左右のラインに平行にクラブを振る。クラブは真っすぐ直線で振るイメージで行なう。STEP1（横向きの写真）から3まで、腕とクラブの動きはすべて同じにする

動き方

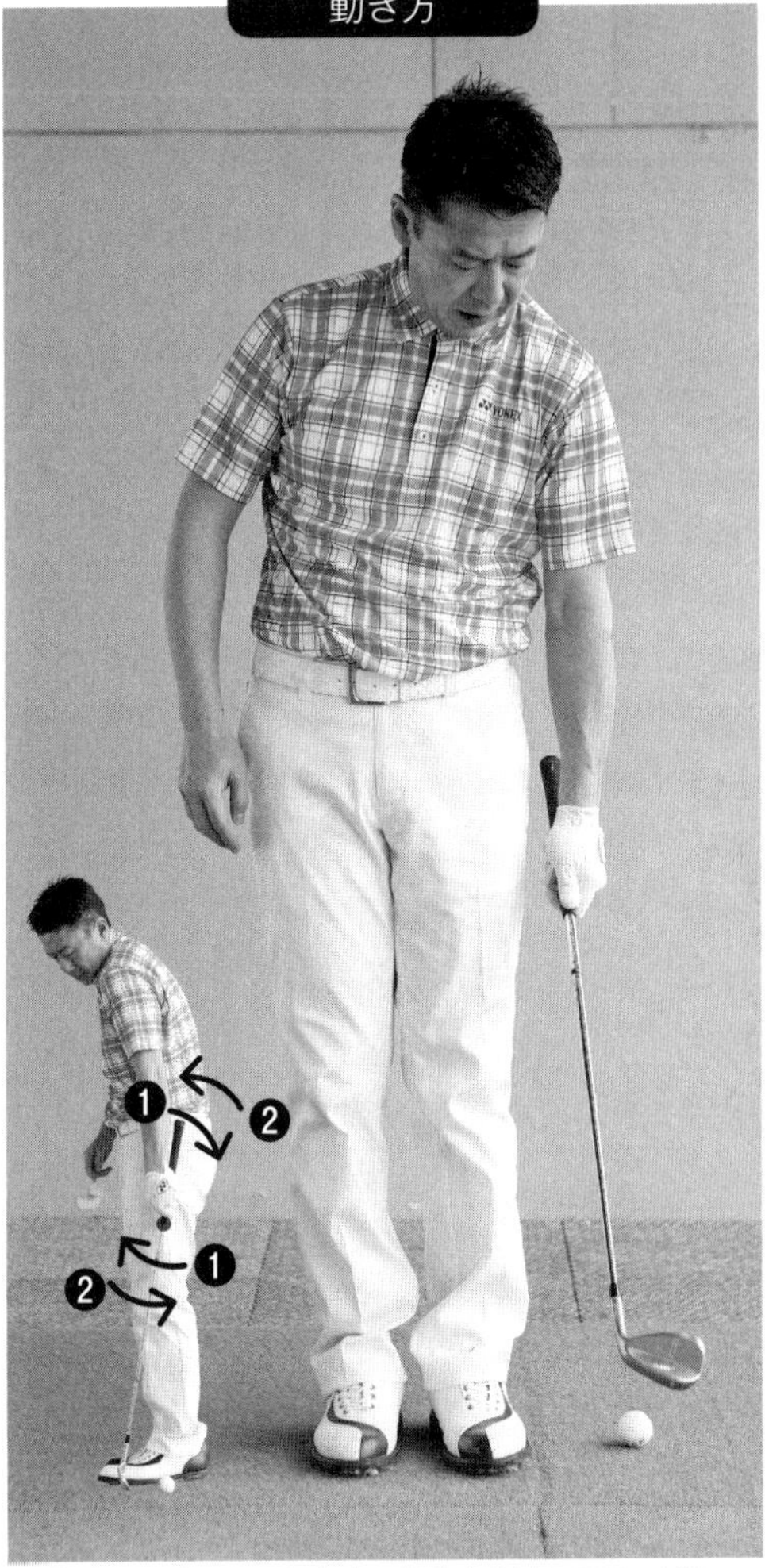

❶グリップエンドを遠くへ離すようにしてクラブを上げる　❷肩を支点にするのではなく、左手親指を支点にヘッドを下ろし、グリップエンドを引き上げる

ダウンの前半は大きめの円軌道で早めにヘッドを下ろしてしまう

切り返しの動きを親指のハラと小指の付け根で引っかけて受け止めると、上半身の動きも逆回りし始めます。ダウンスイングが始まっても、同じ状態、つまりずっと親指のハラと小指の付け根で引っかけているままクラブは下ろせます。

切り返しの際、受け止めた力によって、手首は親指のほう（つまり手首にとっては上向き）にコックされますが、今度は小指側を使って、腕の下（小指側）に巻き込むように、クラブを縦に振る動きに切り換えます。左腕は時計盤を逆回りにして下ろしていきます。

この動きによって、ダウンスイングの前半、つまりカラダの右側でのヘッドの軌道が大きな半円になります。一般に「タメの効いたダウンスイング」では、ダウンスイング前半の軌道がバックスイングよりもずっとカラダの近くを通るイメージですが、それと比べればずいぶん遠回りさせる感覚になります。

しかし、それによってグリップエンドはカラダの右サイドで最下点に達すると同時に、**ヘッドも早く低い位置へ下り、シャローな入射角でインパクトに向かう準備が整います。**

左親指のハラと小指の付け根で“引っかけた”状態のまま、そこにかかるテンションを変えないで腕を下ろすと、同時にトウダウンの向きに手首が動く。するとグリップエンドがカラダの右側で最下点に達し、クラブヘッドも浅い入射角を作る準備が整う

ドリル 4

弓打ちドリル

目的

◎バックスイング後半、左肩が回り、左腕、左手の甲、シャフト、リーディングエッジが一つの面になる感覚をつかむ
◎切り返しでクラブの重さを左手小指付け根と親指で引っかけて支える感覚をつかむ
◎切り返し以降、縦に折れた手首を戻しながら下ろす動きを身につける
◎インパクトで左小指を引き上げ、腕を短くする動きを身につける

セットの仕方

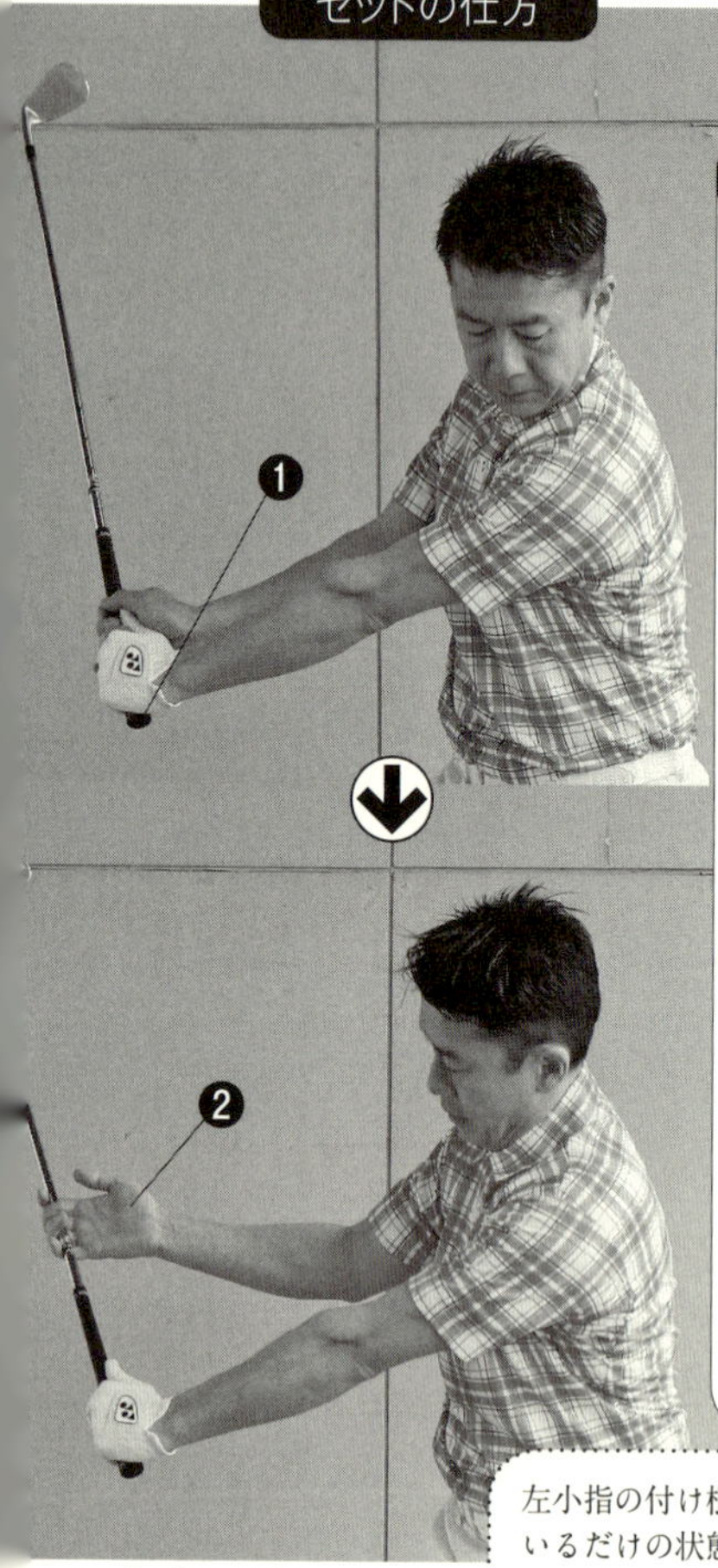

❶グリップエンドを押し込んでクラブを上げていく　❷右手をずらして、シャフトの中間に指を引っかけておく

左小指の付け根と親指のハラでクラブを引っかけているだけの状態でクラブを上げたら、その正反対の方向に（小指側に縦に）手首を使いクラブを下ろしていく感覚を学ぶ。小指側を引き上げることで左腕が短くなる方向へ肩の付け根を動かすため、フォローでは左ワキが締まる。左ワキがあいてどこまでも腕とクラブが振られてしまうのは、肩の付け根が動いていないためだ（左ページ×写真）。

❶シャフトに引っかけた右手で“弓を引くように”クラブを上げていく　❷左親指にクラブの重さが乗り、小指側で引っかけていることを感じる　❸右手で引っかけていたシャフトを離す

❹左親指と小指に引っかけたテンションを同じままに保つ意識をもつと、手首がほどけるのと同時に腕が下りていく。インパクト後までこのテンションを保つ

左腕が右腕より長い状態を保つことで〝タメ〟の効果が出る

ダウンスイングのはじまりでヘッドを大きな円を描いて早く下ろす。「それはキャスティングと言って、リリースが早すぎる状態。タメがなくなるのだから、飛ばせるスイングではなくなる」という意見も聞こえてきそうですね。

しかし、「手首の角度がなくなること」自体は、タメがほどけたことと同じではありません。というより「タメは左手首で作るもの」ではないのです。

「右を向いた肩」で〝左肩を回し〟たバックスイングから、〝左肩を逆回し〟して腕とクラブを下ろしてきただけの段階では、まだ**左腕が右腕より長い状態を保っています。それはバックスイングを始めたときと同じ状態。つまり腕とクラブには角度がついているはずです。私はこれがタメの正体**だと考えています。

シャローな入射角でインパクトに向かっていくメリットは、インパクトゾーンがそれだけ長くなる点。打点も安定し、スピン量が適正になる。ヘッドの動く方向とボールの飛び出す方向が近くなるので、エネルギーに伝達効率がよくなることがあげられます。

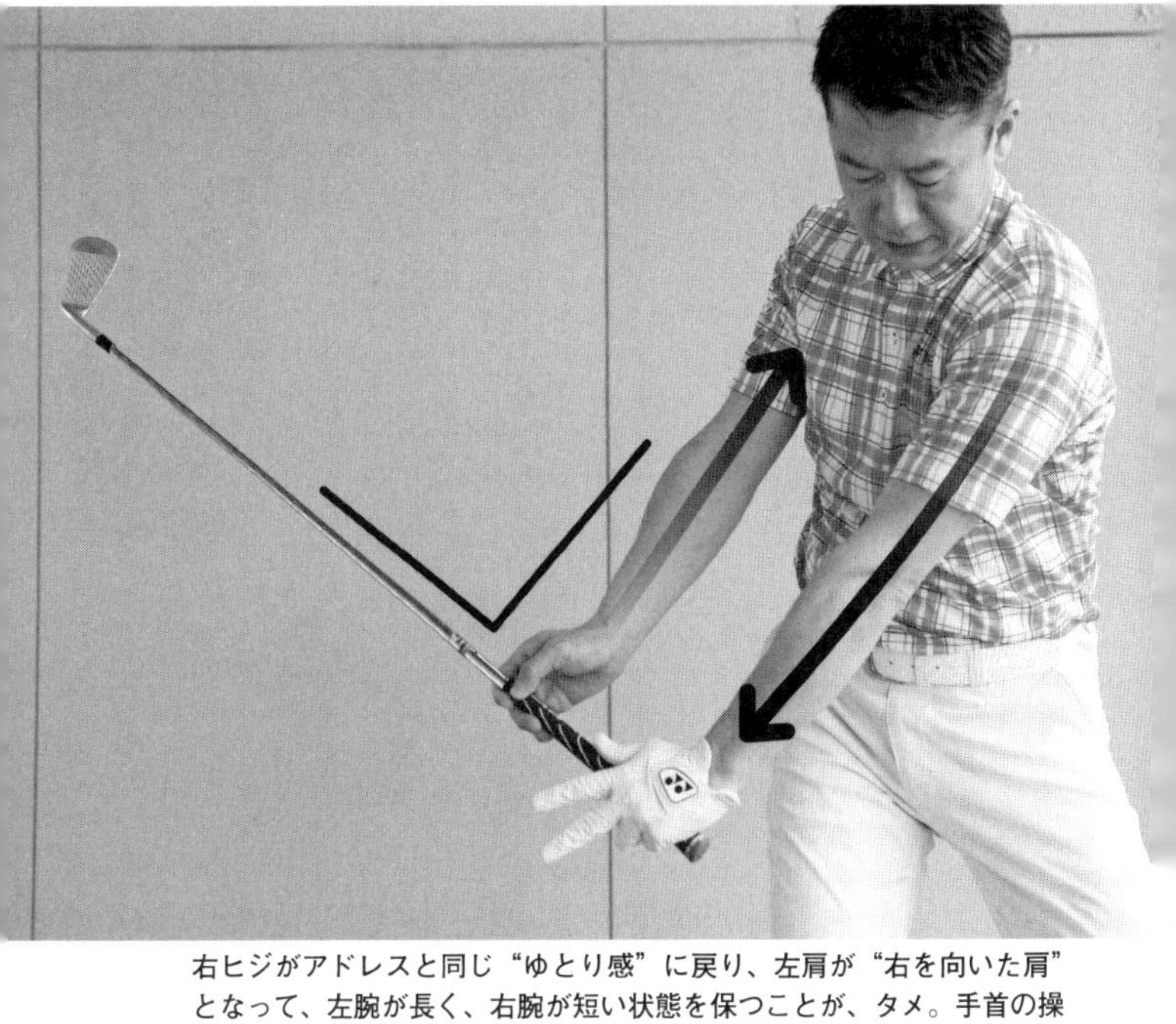

右ヒジがアドレスと同じ“ゆとり感”に戻り、左肩が“右を向いた肩”となって、左腕が長く、右腕が短い状態を保つことが、タメ。手首の操作で作るものではないことは大切なカギだ。手先に力は必要ないため、グリップ自体は４点を挟む力だけで完全にコントロールしきれる

ドリル5

両手つまみ打ちドリル

目的

◎手首を使わなくても腕の長さを変えることでクラブが上がっていくことをつかむ
◎手の力、指の力を使わなくてもクラブを振れることを体感する

セットの仕方

❶両手とも親指と人さし指の先端でグリップを上下からつまむ。指どうしの間隔は5センチ程度　❷スタンス幅はごく小さく。10ヤード飛ばすイメージ　❸ティアップして打ちやすくする

手首を使わなくても、クラブの上げ下ろしができること、手や指の力が必要ないことを確かめるドリル。力を入れないことでクラブがスムーズに走るため、インパクトの手応えが気持ちのいいものになってくる。それを味わえれば合格。

動き方

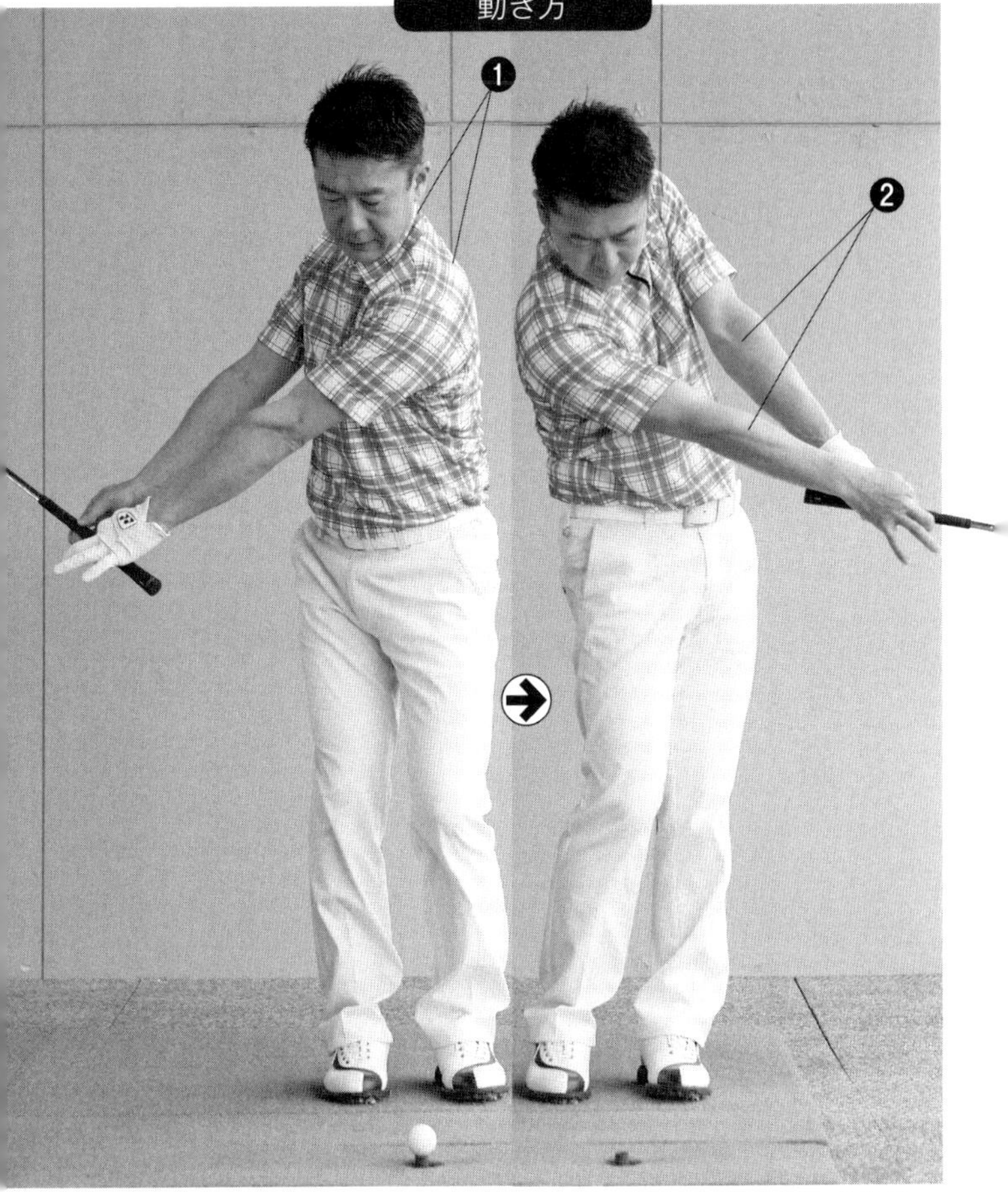

❶4本の指でつまんだまま、左腕を伸ばし、右腕を短くしてトップ。肩甲骨をよく動かす意識をもつ

❷インパクトで元に戻り、さらにフィニッシュでは右が長く、左が短くなることを意識する

ダウンスイング中ずっとトウを下げる方向に力を与え続ける

ダウンスイングではクラブの重さによって、シャフトが寝てしまうとミスになります。チーピンの原因として、多くのゴルファーが上達のある段階で悩むトピックの一つと言って間違いないでしょう。

シャフトが寝るとヘッドがプレーンより低い位置に落ちるため、ダフリが出たり、低い位置に落ちたヘッドを持ち上げて返して間に合わせるため、ひどいヒッカケになって困らせるものです。ヘッドの重さと重力が「悪さをする」感覚かもしれません。

しかし、**スクエアグリップで縦振りをすると、ヘッドの重さにかかる力は、手首を縦に折る動きと同じ方向なので、「悪さをする」ことはあり得なくなります。**

クラブの重さをどのタイミングでもずっと下へ向かって落とすイメージで動かし続けるためです。しかもどのタイミングでもスクエアな向きのまま、これを行なうのです。

この感覚がつかめれば、物干し竿のような長いものでも重さに負けることなく、スイングしてボールを打つことができるようになります。

小指の根元で〝引っかけている〟感覚だけで、クラブにかかる重力を抑え込める。縦の動きとシンクロするスクエアグリップだからこその機能といえる

グリップエンドを自分に近づける〝ジョウゴ状〟の動きでインパクトに導く

さてそこまで来たら、あとはインパクトに向かう最終局面ですね。インパクト直前（プレインパクト）からインパクト後まで、手首の縦の動きはその「終点」へと向かいます。手首はニュートラルなポジションを過ぎて、小指を腕の下側で引き上げるようにしてトウを落とします。

この場面で、腕の付け根がニュートラルな状態にあれば、**左腕は付け根に吸い込まれるように短くなります**。これは小指を巻き上げる動きによって自然に出てくる感覚です。**この動きで、手は（より正確に言うならグリップエンドは）カラダに近づいてきます。**

つまり〝ジョウゴ〟の最下点を目指す動きです。

左腕の付け根が吸い込まれると、左側の背中が丸くなり、手の通る空間を作ってくれます。それによって手は予定どおり〝ジョウゴ〟の最下点までカラダに近づき、そしてまた離れていく動きをスムーズに実行できるのです。

トウを下げる動きで小指側（＝腕の下側）の筋肉が縮まり、左腕が根元から短くなっていく。この動きの結果背中が丸くなり、グリップエンドは“ジョウゴ状”の動きをし、ヘッドを真っすぐに進ませる

ドリル
6

フォローなしの下ろし打ち

目的

◎手首を縦に使う動きの結果、左腕が短くなる方向に動くとグリップエンドの〝ジョウゴ状〟の動きができる。そうすると、インパクト直後にヘッドを止められることを確かめる

イメージ

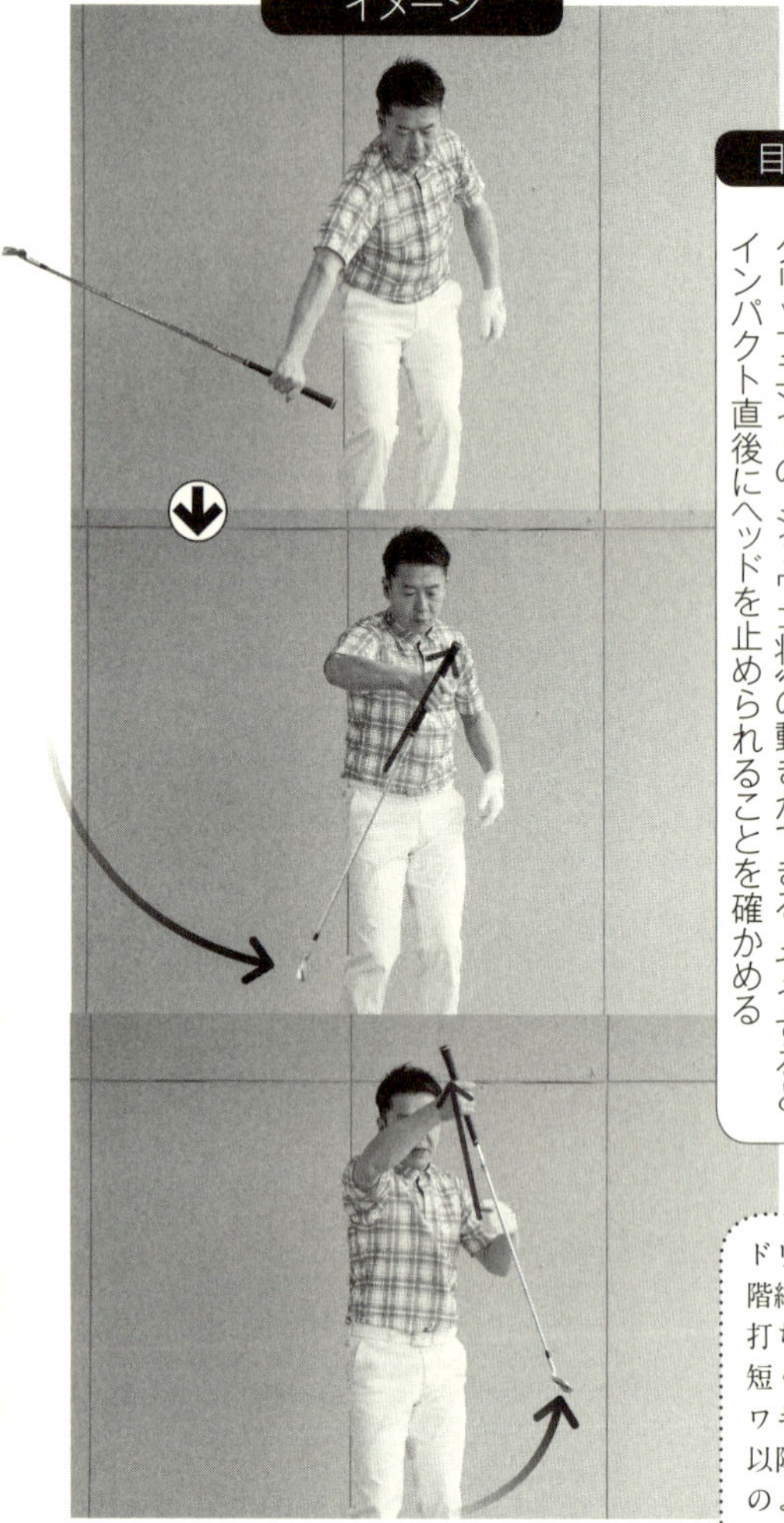

グリップが下から上、それによってヘッドがインパクトに向かい、インパクト後は一緒に上がっていく

ドリル3「左手一本での3段階縦振り」でもドリル4「弓打ち」でも触れたが、左腕が短くなる方向に肩が動くとワキが締まり、インパクト以降左腕とクラブが振り子のように振られていかなくなる。実はこれがとても大切なポイント。この動き方をつかもう。

動き方

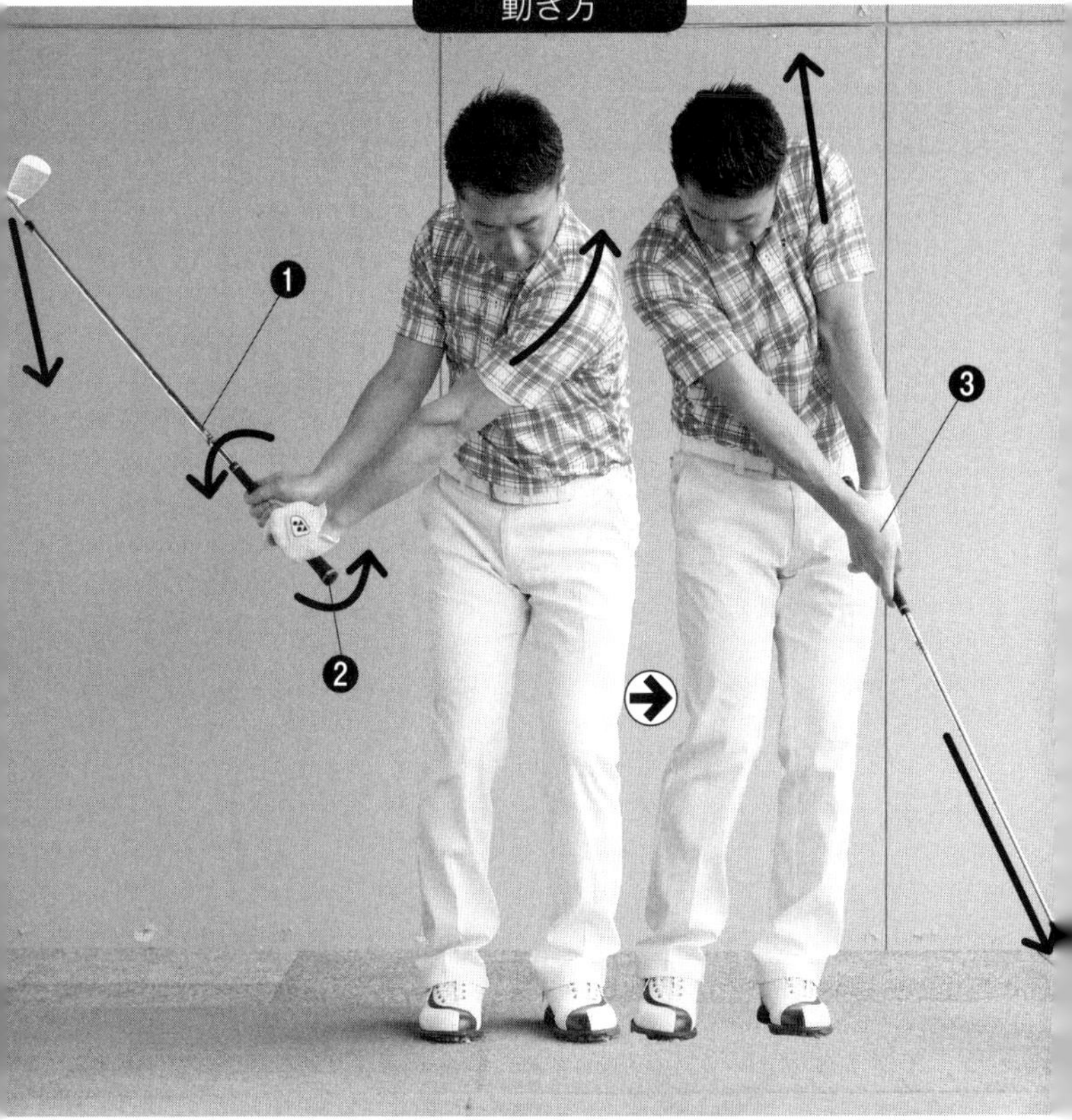

❶30〜40ヤード飛ばすつもりでアドレスし、バックスイングする　❷手首を縦に使いクラブを下ろす　❸左肩が上に向かって動くため、クラブはインパクト直後に止まる

横振りにより左肩が十分に動かないと、クラブや両手はひっくり返る。インパクト直後に止めることもできない

アドレスとインパクトの手の高さは同じだが、手の位置と角度が違う

アドレスとインパクトでは、下半身が移動したぶん、インパクトのほうが手の位置が左にズレるものです。しかし、フックグリップで横振りをする場合、手の位置だけ先に行かせようとしてシャフトを傾けても、ヘッドが届かなくなります。

それを届かせる仕掛けが、縦のコックだと言えます。親指を前に落としたぶんだけヘッドが下がるので、手が左に先行してシャフトを傾けても、ヘッドはボールに届くのです。

ただし、**手の高さに関しては、インパクトでも、アドレスのときと一致するのが理想と言えます。**

ただ、高さは同じですが、手首を縦に使っているため、手の角度は変わっています。

ちなみに、インパクトのタイミングでも、グリップは、左親指のハラと小指の根元で挟んだ部分で引っかけたテンションをキープしたままです。

インパクトでの手は、アドレスのときと同じ高さに戻るが、手の向きは少し違う。小指を引き上げ、親指が押し込まれた向きになっている。また、インパクトでも親指のハラと小指側の付け根で挟む力だけで支え切っていることも重要

ドリル 7

ワッグル打ちドリル

目的

◎アドレスではクラブを指に乗せている感覚だが、インパクトでは手(左手親指のハラ)がクラブを押さえている感覚になることをつかむ
◎アドレスとインパクトは手首の角度が変わることをつかむ
◎左手親指とスイングの中心の距離を変えない感覚を学ぶ

セットの仕方

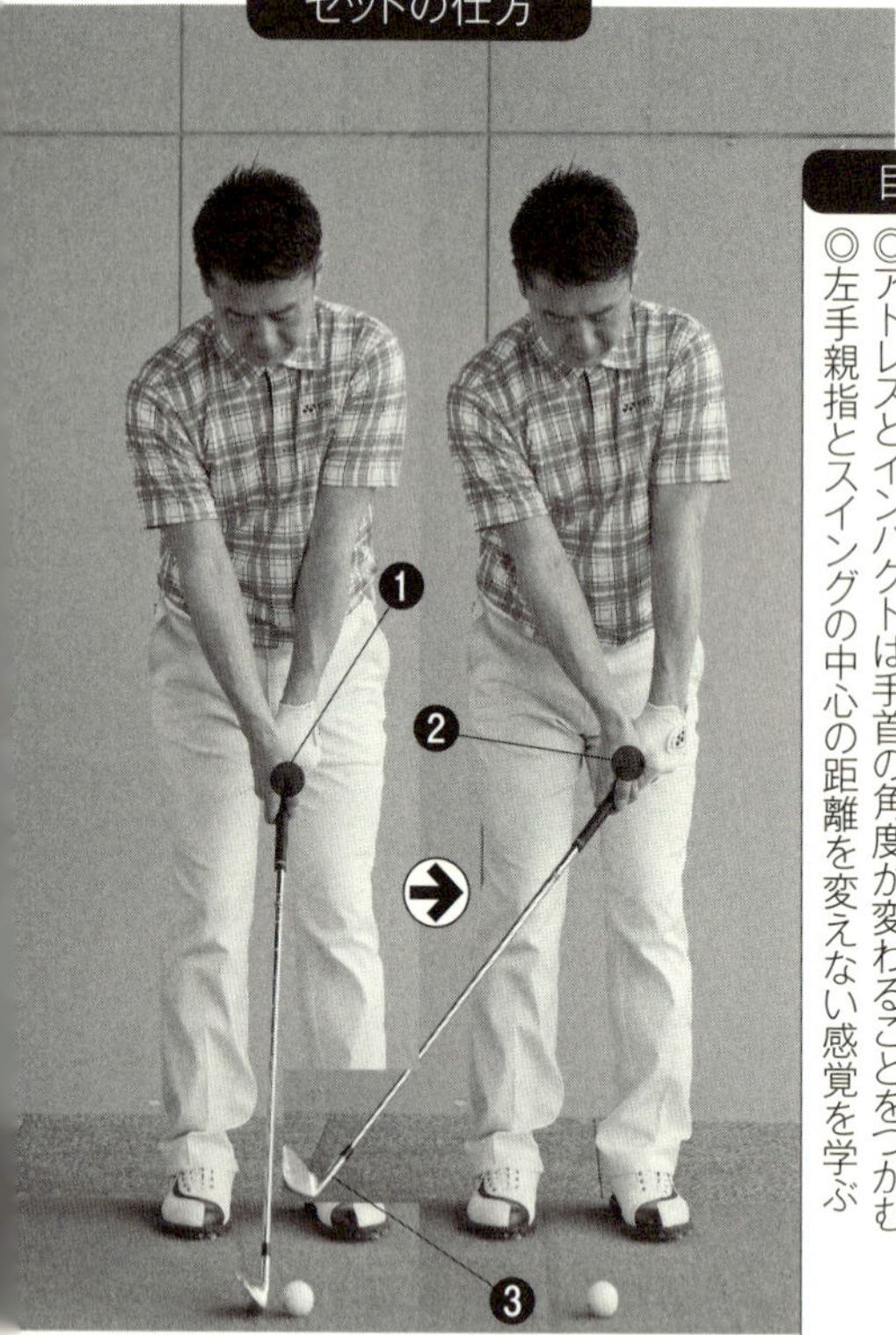

❶アドレスでの左親指の位置を変えない意識をもつ　❷右手を左に押し込んでワッグルの形を作る。左親指を支点にグリップエンドを左に押し込むことでヘッドが逆に右に上がっていく　❸この小さなワッグルを２回繰り返す

ワッグルにおいては左親指の位置が変わらない。ここを支点にして、グリップエンドを左下へ押し込むと、グリップエンドはターゲット方向へ動く。この逆の動きでダウンスイングするが、左小指を引き上げるようにし、左肩の付け根も動かすことで、縦振りのインパクトになる。小さなワッグルで動きを確かめ、２回繰り返した後、その動きの延長上までクラブを上げて、下ろす。ボールは5ヤード程度真っすぐ飛べば合格。

動き方

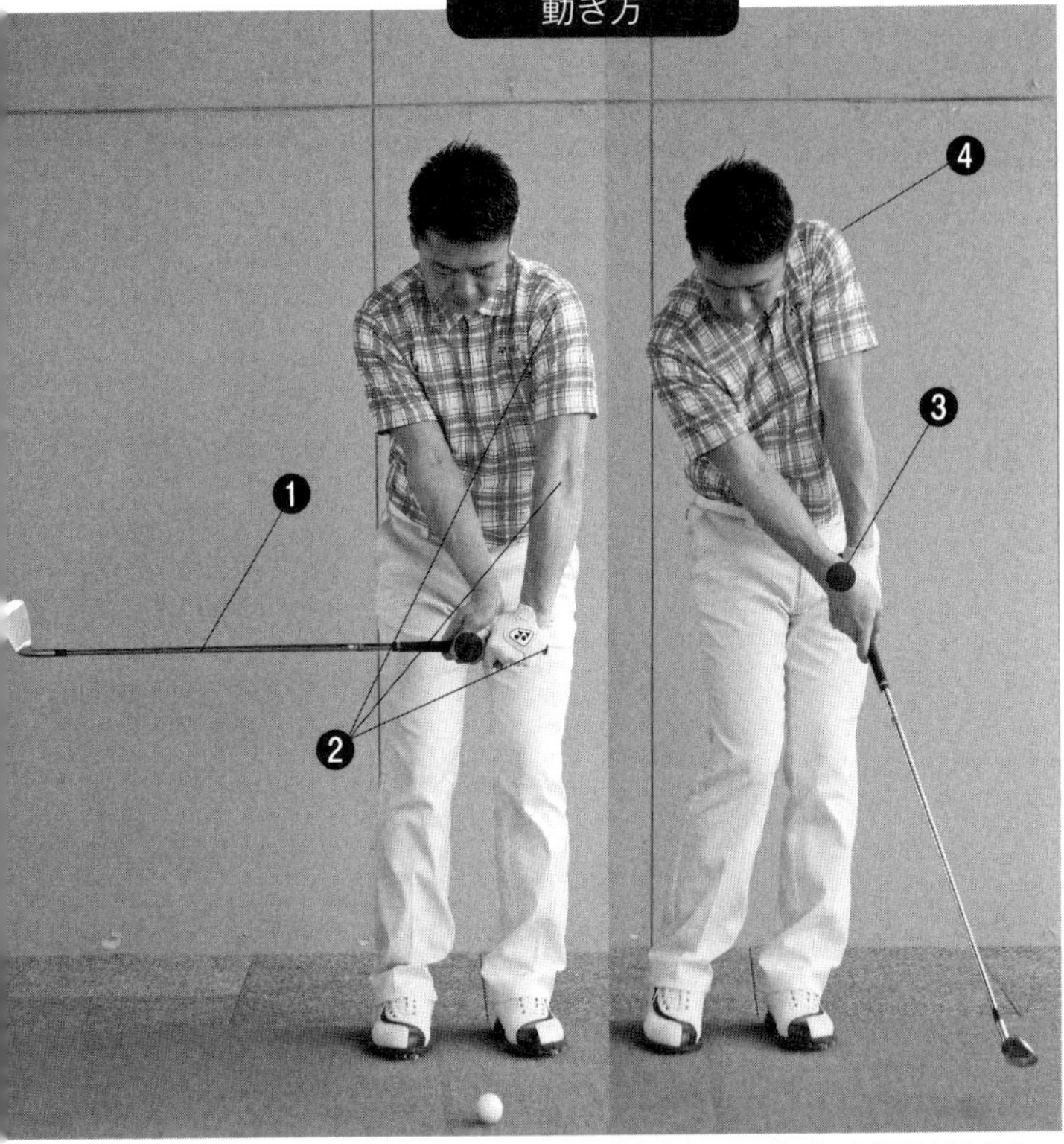

❶左親指の位置を変えないようにし、“小さなワッグル”の延長上にさらにクラブを上げていく。シャフトが水平まで　❷左肩は「右を向いた肩」になりグリップエンド同様、左ヒジもターゲットを指す　❸左小指でグリップエンドを引き上げることでヘッドを落とす　❹左肩が上に引き上げられ、インパクト直後にクラブは止まる。つまりフォローは出ない

インパクトを過ぎると右腕が長くなりヘッドを走らせていける

　インパクトで左腕が短くなるのとタイミングを合わせて、右腕は長く伸びて来なければなりません。**右腕が長くなることではじめて、ヘッドはカラダを追い越していける**のです。右腕が長くならないと手先をこねなければ、ヘッドがカラダを追い越すことはできず、振り遅れは永遠に直らなくなってしまいます。が、腕にとってニュートラルな状態になるスクエアグリップを作り、縦振りをすれば自然に実行できるようになるのです。

左手首は甲側に折れているように見えるが、これはヘッドのスピードに負けてできた形である

フォローからはクラブにぶら下がればヘッドの勢いが連れて行ってくれる

フォローの形を正面から撮影した写真で見ると、錯覚が起きます。松山英樹選手のフォローを見て「手が返っている」という説明を聞けば、そういう形なのかなと思えます。でも、そのカタチは手首を縦に使い切った結果であると言われれば、そのようにも見えるはず。こちらが正解なのです。

そしてこのように動いてくれれば、**クラブの軌道、手の軌道ともにストレスなく、一つのラインでここまで来ています**。それゆえ、クラブにぶら下がる感覚でいれば、そこまでで生まれているクラブの慣性がカラダをフィニッシュまで連れて行ってくれます。

クラブの勢いに“ぶら下がる”感覚でフォローを過ごせば、フィニッシュまで連れて行ってくれる。バックスイングのはじまりから、ずっとスムーズな動きのつながりを目指して組み立てられているからだ

手の大きさによって
グリップ向きは
違って見えるのがふつうでは?

　グリップの太さはそれほど多くのバリエーションがあるわけではありません。もちろんグリップの下巻きを重ねることで通常以上の太さを出すことは可能ですが、それでもそんなに太くしている人は見かけないものです。

　それに対して、手の大きさはそれこそ世界の人々を比べればかなりの違いがあるものです。手のひらと指の比率も違います。それでもグリップの太さにバリエーションがあまりないということは、手の大きさに関わらず、手の構造に対しては同じ意味合いのグリップが作れるということの証明ではないでしょうか。それを実現するのが、私が世界で初めてここで詳細に説明する、本当のスクエアグリップです。鉛筆のような細いものでも、パター用のスーパーストロークのような太いグリップだとしても、誰でも同じ機能を果たすグリップが作れます。

あとがき

私はツアープロとして約11年、引退後、ゴルフスイング研究家として10数年の長きにわたって研究を重ね、スクエアグリップに行きつき、そしてスクエアスイングにたどり着きました。

私は現役時代、アメリカのフロリダ州デルエアCCでの研修時代（1992年頃）、当時よりすでに世界を代表するツアーティーチングプロとして高名だったジム・マクリーン氏のレッスンを間近で見聞きすることができる、恵まれた環境にありました。その後、オーストラリアツアーで2年間世界のトッププレーヤーと戦い、日本ツアー、アジアンツアーにも参戦。世界のゴルフ場でさまざまな国のプロと戦ってきました。

そのなかで、スクエアグリップの第一人者である陳清波プロと出会います。「一球打ってみて」と言われ、打ってみると陳プロから「あなた、本当にプロ？」のひと言。当時主流だったはずの〝フックグリップで振り遅れてインパクトする〟私のスイングを見て、これではプロとして戦えないと、すぐに見抜かれたのです。

それがスクエアグリップとの初めての出会いでした。フックグリップでの限界を感じた私はしかし、現役で試合に出ながらのスクエアグリップへの挑戦がむずかしく、試行錯誤で厳しいプロ時代を過ごしました。

そして、引退。その後、スイングの再研究を積み重ねた末に、最終的に行きついたのがスクエアグリップでした。あの時、陳プロが私に伝えたかったスクエアグリップの本質が長年の研究によって、やっと理解できたのです。

フックグリップのスイングは、インパクトまでに力を使い切ってしまいます。このスイングは、腕力が十分にあるあいだは飛ばすことができますが、年齢を重ね、力が落ちるとともに飛距離がどんどん落ちていきます。

しかし本書で解説したとおり、インパクト後にまだ余力のあるスクエアグリップを覚えると、力だけに頼らない、クラブを使いこなせる理想的なスイングが完成します。

飛距離が落ちて思うように打てない方は、ぜひ本書で解説したスクエアグリップで新しいスイングを手に入れ、これからのゴルフライフを楽しんでいただければとても嬉しいです。

ゴルフはメンタルなスポーツと言われています。たしかに、メンタルが大切だと思い知らされるような経験は誰でもおもちでしょう。しかし、そうした苦い経験の原因を、「メンタルが強い・弱い」だけで片づけていいのでしょうか？　なぜメンタルがボロボロになるのか、なぜ思うように打てないのか。そこに至るには、「自分のスイング」のメカニズムの崩壊がきっかけで、信じていいものを失っていった経過があったはずです。また、そうした「自分のスイングのメカニズム」の構築なくして、確かな上達は存在しないと思います。

そのメカニズムの構築において、最初にグリップをスクエアグリップにすることで、スイングやカラダにニュートラルで負担のないアドレスができあがります。それがカラダにニュートラルで負担なく、再現性が高く、エネルギー効率もいいスイングを作り上げるスタートになります。

スクエアグリップとそれを元にしたスクエアな縦振りのスイングの本を制作するにあたり、長い時間がかかりました。その裏でたくさんの方に支えていただき、出版できたことを心より感謝申し上げます。願わくば、いつの日か、さらに探求を深め、この本の続編として、「完璧なるスイングの一部始終」を語り尽くしてみたいと思っています。

２０１７年３月　ゴルフスイング研究家　武田登行《たけだのぶゆき》

著　者　**武田登行**（たけだ・のぶゆき）

プロゴルファー、ゴルフスイング研究家
10歳からゴルフをはじめ、24歳から11年間ツアープロとして活躍。35歳でツアーを引退し、指導者に転身。プロとして通用しなかった理由を研究し続け、ゴルフスイングの独自の理論を確立。「どこのレッスンプロに教わっても解決しなかった悩みを解決する」をモットーにするレッスンは、全国各地からやってくる悩めるゴルファーの駆け込み寺的存在になっている。
ゴルフスイングラボ　http://golfswing-labo.com/

ワッグルゴルフブック

スクエアグリップでやり直《なお》せば
飛《と》ばしも寄《よ》せも驚《おど》くほど上達《じょうたつ》する!

2017年4月7日　初版第1刷発行

著　者……………**武田登行**
発行者……………**岩野裕一**
発行所……………**株式会社実業之日本社**
〒153-0044 東京都目黒区大橋1-5-1 クロスエアタワー8階
電話（編集）03-6809-0452
　　（販売）03-6809-0495
http://www.j-n.co.jp/
印刷・製本…………**大日本印刷株式会社**

ISBN978-4-408-45634-8（第一趣味）